RICH ARK
致富方舟

STOP
別再看股價了！

每次查看股市都賠錢？
最簡單的投資策略，
每年交易4次就能選中贏家！

矽谷創業家、執行長
曾管理規模達11位數的股票型基金
J. F. Dodaro　J·F·德達洛——著
呂佩憶——譯

CHECKING
THE PRICE!

Lose money every time you look at the stock market?
The simple investing strategy for beginners to pick winners by trading only 4 times a year!

方舟文化

推薦語　　　　　　　　　　　　　　　　　　　　5

第一章
簡介：像素化的真相
1. 少付出 99% 的努力，你就能找到優秀公司　　15
2. 我為何寫這本書　　18
3. 這本書沒有要做的事　　21

第二章
為什麼每次看盤，都在虧錢？
1. 投資第一法則：避免巨額虧損，以獲得長期財富　　29
2. 投資第二法則：避免「資訊超載」　　34
3. 為什麼沒有人能預測未來　　44

第三章
如何過濾不佳的公司
1. 一顆爛蘋果，毀掉一整桶蘋果　　54
2. 好公司能把錢變成更多錢　　55
3. 勇敢地「忽略價格」，真正賣出的時機是──
   當好公司變壞時　　67
4. 5 分鐘內建立屬於自己的篩選工具　　73

第四章
戰勝巴菲特：以小勝大，超越投資巨人
1. 借用風險創投的操作方法　　87

2. 底層有廣闊的空間	94
3. 回測小型企業篩選條件	102
4. 天下沒有白吃的午餐：在投資小型股前考量取捨	107

第五章
如何在 60 秒內評估一支股票

1. 股票「完整病歷」的關鍵資料	116
2. 倒數計時：60 秒股票評估	122

第六章
祕密就是沒有祕密！

1. 巴菲特 vs. 避險基金	143
2. 讓財富變大的方法，和維持健康相同	145
3. 別讓情緒為你交易	150
4. 如何（不）造成惡性分散	153

第七章
結論：別再查看股價了！

1. ROIR，你的投入「研究」報酬率	163
2. 接下來該做的事	165

資源：歷史快照範例	169
附註	179

推薦語

　　本書是一本專為投資新手打造的實用指南。作者以淺顯易懂的語言，揭示了頻繁查看股價的心理陷阱，並提出一個簡單卻高效的投資策略：每年僅交易 4 次。這不僅降低交易成本，還能避免情緒化決策，讓投資者專注於長期收益。

　　本書的核心理念是「簡單即力量」。它教導讀者如何挑選穩健的投資標的，透過定期的資產配置調整，實現財富穩健增長。書中結合實際案例與數據分析，幫助讀者理解市場波動的規律，並建立屬於自己的投資紀律。對於那些被股市漲跌搞得焦頭爛額的投資人，這本書就像一盞明燈，指引他們遠離盲目跟風，走向理性投資的道路。不論是你是投資小白，還是想簡化投資流程的忙碌人士，這本書都能為你提供實用的工具與心法，助你自信邁向財務自由。強烈推薦給每位想用最少精力換取最大回報的投資者！

　　——**單身狗投資成長日記／投資粉專版主**

　　如果你曾為股價的起伏感到焦慮，甚至因此影響生活情緒，那你需要重新思考投資的本質。投資不該只是追逐數字

的遊戲,而是與企業共同成長的旅程。這本書不談投機技巧,而是聚焦在長期價值與心態建設,讓人理解投資的真正意義,是參與而非猜測。書的內容深入淺出,從行為心理到市場機制,層層剖析我們為何會被市場雜訊與價格牽著走,又該如何建立穩定的投資信念。透過許多真實案例與觀察,它幫助讀者跳脫追高殺低的循環,重新找到屬於自己的節奏與原則。對於想要培養長期思維、學會與市場和平共處的人來說,這是一本能夠安定人心、重新審視投資心態的重要讀物。

——《ETF 存股》系列暢銷作者/雨果

　　如果不想花太多時間在投資上,請您來看這本。這本書會告訴你一年僅需交易數次的投資方式。在投資的路上總會碰到「雜訊」來干擾我們的投資布局,有時害怕虧損的情緒,以及預估可能會持續下跌的「超量資訊」會干擾我們對於持股的買賣判斷。頻繁的過度交易與過度研究,未必會讓你賺大錢,反而要去研究「適合自己」的資產配置與極簡投資策略,以及學習如何不被市場訊息誤導,導致錯誤判斷而損失收益,是作者想傳達的觀點。

　　避開雜訊干擾,把時間與精力花在「對的地方」,讓財富在正確的軌道上奔跑,這一切將會讓你成為投資界的「長

期贏家」。

——《A大的理財金律》作者／A大（ameryu）

　　大家好我是老墨，這本書分享了數個很有趣的選股辦法；比起預測未來、拚命解讀消息面，如何從穩定的財務數據中，找出「能長期創造價值的公司」是更實際的。這本書提出的策略不複雜，核心是 ROIC、WACC、營收與毛利等指標的邏輯組合，強調的是簡化、紀律、與清楚的過濾。這些指標作為參考架構還是滿不錯的，可以做為一些簡易的濾網，避開壞的公司。推薦有興趣的朋友可以思考一下這個策略，找到優化的空間也許就找到獲利的空間了。

——老墨 Mofi

第一章

簡介：
像素化的真相

你打開手機的應用程式,在電腦上登入帳戶。你看了股價……又跌了。就像昨天一樣,就像前天一樣。有時會有好運出現,但事情似乎永遠不會照你想要的方向順利進行。這些都是好公司,對吧?其他人似乎也都這麼認為。他們生產優質的產品,創辦人超級富有,而且你對他們未來的成長潛力充滿信心……但光是看一眼股價,你就感覺是自己帶衰,把價格壓低了!根本不用妄想投資的金錢會成長,光是保住財富就已經很難了!現在是不是應該轉換到你在新聞中不斷聽到的那支股票?那支股票一直漲……搞不好那一直都是間好公司?

你是否也有問過自己這些問題:我研究得足夠嗎?早知道我就更深入一點,就可以在他們的商業模式中發現一些未被發掘的寶石,在其他人買進之前就先行動,這樣的話,我現在就已經過著美好的生活了!「買低賣高」真的有這麼複雜嗎?新聞名嘴每天都在說快要崩盤了,我應該出場嗎?還是說,現在才是最該進場的時機呢?但如果我選的下一支股票又大跌該怎麼辦?!但是,大家不是都說,高報酬必然伴隨著高風險嗎?

在某些時候你感到非常沮喪,甚至考慮把所有的籌碼都 all in 到近期當紅的加密貨幣風潮中,因為你聽說這就是你的朋友的朋友的朋友……賺到數百萬美元的方式,又或者只

是感覺好像該這樣。

　　不是只有你會問自己以上問題,我們生活在一個資訊超載的社會中,而雜訊對我們沒有任何幫助。**我們都被這些雜訊誤導,以為投資成功背後的祕訣,是取得更多的資訊**──不只是知道「某某新股引起了什麼波瀾」,而是更深入地挖掘資訊,例如:為了找出數字中的模式,深入研究財務資料;花好幾個小時了解某間公司的商業操作模式、競爭對手的護城河、經營團隊願景以及最新的獲利成長數字。

　　用這樣的方式研究、追蹤一段時間後,我們一定會了解夠多的資訊,正確選擇那些有機會大漲的公司做投資⋯⋯不過,如果做夠多研究功課是關鍵,那麼我們怎麼可能跟得上巴菲特?巴菲特每天早上都從閱讀一疊報紙開始,每天閱讀 500 頁。無數的投資人、交易者和分析師,花費整天的時間,研究你最喜歡的股票的每一個細節──我們怎麼可能跟得上這些研究股市的全職工作者?我們該如何更努力?

　　由於每天都會有新的事情發生,新消息不斷更新,所以大多數人被迫接受以下兩種方式:第一,是請一位深入了解市場的財務顧問替我們管理資金,這個人隨時關注聯準會主席的一舉一動,他知道什麼時候波動太大、懂得分散風險,也知道哪些公司明年的業績會起飛⋯⋯但是在花大錢請了這個人,並承受他們做出錯誤選擇的後果之後,我們的績效

卻落後大盤！所以我們只好選擇第 2 個方案，讓廣泛的市場來替我們管理資金，買進低成本的指數基金，然後嘗試說服自己「沒有人知道正確答案」，接著大家一起乘風破浪……資金會複利成長，到了西元 3000 年，所有人退休時帳戶裡都會有 10 億美元。

從上述內容來看，可以知道我們有 3 個選擇：接收超載的資訊、找基金經理人管理自己的資金、和其他人一起買進大盤……不過，與其從這 3 個選項中選擇，不如來看看第 4 個選擇——以上皆非。

我來描繪一個不一樣的畫面：有人給你一臺股票報價機，你可以用它在 60 秒內得到對一間公司的評估，你甚至不需要知道這間公司的業務細節，但從機器給你的訊息，足夠讓你了解某間公司的股票**絕對不能買**，或是這是一項值得你再多花一分鐘去研究、進一步去了解的好投資。

你不需要每天檢查股價，或關注那些試圖解釋股價為何波動的無聊新聞。你只需要每 3 個月重新檢視一次投資組合，讓好的公司來找你，並在必要時交易……然後接下來的 3 個月，你可以把心力放在自己想做的事情上，因為你知道你所投資的會是一間**好公司**。這樣的方式，可以減少你花在研究股票上 99％ 的時間和精力，但你仍相信自己已經有足夠的資訊能做出正確的決策。

我想告訴你一個**像素化的真相**（pixelated truth）：「**選股**」這個遊戲的重點，並不在於你知道多少，而是在於你刻意選擇不要知道多少[1]！

　　你可以將資訊想像成手機上的影像，而影像都由像素組成。如果想了解更多，只要把畫面放大就好。但是，隨著你把影像越放越大，最終會卡在一個模糊、幾乎不具有任何資訊的馬賽克方格像素上。無論你多麼仔細地觀察那塊像素，都無法從這個馬賽克像素了解更多關於這張影像的重要特徵。即使花了好幾個小時放大、再放大，並詳細分析每塊像素，你還是很難理解整張圖，因為你無法輕易看出這些像素與整張圖的關聯。如果你能理解我描述的這個比喻，這代表你已經掌握住這本書的精髓了！

▲ 像素化知識之樹的禁果。

幾乎每個人、甚至連他們的狗都有一套打敗市場的理論。我們在這裡要討論的這個簡單策略，並不是為了涵蓋世界的所有複雜性——恰恰相反。這個策略的重點，是盡可能保持中立與不偏頗，避免過度解讀那些模糊不清的訊號。我們希望避免被那些聽起來合理、實際上卻沒有什麼資訊價值、也無法預測未來的敘事牽著走。從這個角度來看，這個策略的力量，正是來自「不去查看」。

▎少付出 99% 的努力，你就能找到優秀公司

名偵探夏洛克‧福爾摩斯（Sherlock Holmes）運用邏輯推理和演繹法來破案：「當你排除了不可能的事情後，剩下的無論多麼不可思議，都一定是事實。」演繹法指的是從一般假設中得出具體、合乎邏輯的結論。這與歸納法完全相反，歸納法是從具體事項開始，然後嘗試擴展到一般事物。演繹一詞的英文 deduction 也有減少、減去的意思——重點是從問題中排除掉什麼，以便更清楚了解剩下了什麼。這種策略不只適用於偵破謀殺案，同時也是消除雜訊的最佳方法。這就是我們選股策略的基石。

透過篩選掉無用的資訊、有偏見的敘述和對未來毫無意義的預測，就會剩下簡單、有意義且可衡量的事實。

彼得‧林區（Peter Lynch）是有史以來最偉大的投資者

之一，他建議「投資你所了解的領域」，因為那一小部分領域就是你的優勢所在。而這就是歸納法的思維：觀察周遭的世界，並試著蒐集你所遇到的特定股票。但令人不安的是，這種方法可能會讓你依賴故事。你必須告訴自己一個關於你這個人如何體驗某間公司的故事，這可能不會是這間公司整體的實際情況。軼事證據（anecdotal evidence）的效果很強大，但我們更需要明確的數字來支持我們的判斷，而不只是靠情感和說故事。

我主張的是一種正好相反的反向觀點：**投資你不需要知道的東西，而且不要特地花費心力去學習它！**我們是投資人，不是我們所投資之事物的專家；就算是專家，我們也不是在董事會中能對公司未來做出決策的人；就算是董事會成員並要做決策，我們也無法預測未來會發生什麼事！既然沒有人知道接下來會發生什麼事，何必在意這項投資項目是否是你專業的領域，進而錯過任何機會呢？

本書採用的是演繹法：從整個宇宙、整個股票市場出發，包括所有你不知道的資訊。那麼策略就非常簡單了——淘汰爛蘋果（不好的公司），這樣它們就不會破壞整籃的蘋果（你的投資組合）。我們使用著名的「80／20法則」，壓縮訊息，讓我們花較少的精力，快速、有效地過濾掉爛蘋果。事實上，我們要用簡化的做法，以一個數字決定股票的

好壞！我們將看到，一年只需要交易 4 次的投資方法；這麼做不只可以輕鬆管理投資組合，還可以避免因資訊過多而過度交易，這樣就不會對長期成長造成損害。我們將學習如何快速認識任何一支個股，將整間公司簡化為一個影像，並使用可測量、且有用的資訊快速形成意見。

這絕對不是唯一有效的選股策略，市場很大，有很多賺錢的方法──當然，虧錢的方式也不少。有許多投資人提出各種選股的方式，但這些方法往往過於複雜，有數十個參數，容易導致投資人一不注意，就把很棒的個股跟不好的個股一起淘汰。總會有一些超神的數學方法，能在雜訊中帶你找出被隱藏起來的相關性，也有像樂透一般 YOLO（You Only Live Once）、形同賭博的方法，可以為某個人帶來豐厚的報酬。但可別陷入錯失恐懼症（FOMO）！

我的目標是給你一個容易遵循的策略，不需要花費好幾個小時去深入研究、浪費時間聽法說會、讓自己被沒用的資訊和一大群股票分析師給淹沒。 但我要先說清楚一件事，這個策略不保證你能打敗像巴菲特一樣，整天都在閱讀每一份財報註腳的人；但這個策略可以保證你會有更多時間享受人生，並知道自己控制著自己的財富，曉得你所投資的公司能創造長期價值。

▌我為何寫這本書

　　如果以財經資格來看,我的背景有點……不傳統。我在大學主修應用數學,我喜歡去了解如何用簡單的方程式,來預測現實世界中的複雜模式——從行星運動,到兔子的總數,再到衍生性金融商品的價值,我都很有興趣。我的同學們非常喜歡最後一項主題,他們大多數人都直接去了華爾街,因為在那裡可以很快賺到很多錢。我卻選擇了一條不同的道路,我取得物理學博士學位,並且了解複雜的數學力量和限制。

　　我在矽谷創辦了一間乾淨能源的新創公司,募集創投資金,並親眼見證創投風格的實際應用,尋找下一個能帶來爆炸性報酬的顛覆者。我透過一間價值上兆美元的資產管理公司進入金融界,在一個投資組合團隊中工作,管理一支11位數(超過100億美元)的基金,挑選上市的大型股。我直接向這些擁有數十年資歷、經歷過多個商業週期的業界人士學習投資方法。雖然我有扎實的數學背景,但我開始欣賞「基本面」投資:把公司當成創造價值的機器來分析,而不是螢幕上不斷跳動的價格。

> 「華爾街這些年賺到最大的一筆錢,靠的不是出色的業績,而是出色的推銷。」

"The biggest money made in Wall Street in recent years has not been made by great performance, but has been made by great promotion."

——華倫‧巴菲特 WARREN BUFFETT

雖然進入金融業工作是研究股市歷史的好方法，可以在業界向有相關經歷的人學習股市的歷史，但你也會看見那些令人幻滅的內幕真相……當你去查閱各大投資銀行和資產管理公司旗下大型基金的績效時，最令人震驚的，莫過於這些基金長年跑輸大盤的事實，竟然就這麼光明正大地展示在首頁上。我還記得，我曾經查看一間公司號稱「旗艦產品」的商品，標榜已執行數十年的長期成長策略，但很明顯的是，他們長達50年的年化報酬率是9%，而標普500指數在同一段時期（股利再投資）的年化報酬率卻是10%。如果50年還不足以打敗大盤，那我真的不知道還有什麼可以打敗大盤了！

我不是第一個注意到這一點的人。以下是美國經濟學家麥可‧詹森（Michael C. Jensen）對1945年至1964年績效的研究[2]：

「上面討論的共同基金績效的證據顯示，以這115支共

同基金平均來說，預測股價的能力如果不夠好，無法打敗買進大盤並持有的政策，而且幾乎沒有證據顯示，任何單一基金的績效明顯優於我們對隨機亂買所預期的結果。」

而且這還沒扣除基金經理人費用……我的老天！

我之所以寫這本書，是因為我覺得這其中有一個故事，而且這個故事與基金經理人的說法不同——**如果你知道如何過濾雜訊，那你就能挑選到好公司，不必把財富管理外包給別人去做。**長遠來看，我用這個策略長期投資自己的錢，並與你分享這個策略，只是因為我喜歡寫作、探詢想法，同時也樂意嚴格測試自己的想法——尤其是以我科學的背景所塑造出的逆向觀點。我們的動機是一致的，所以我真心希望這本書能帶給你價值。

只知道躲在辦公室裡、把公司給的基金管理費獎金支票拿去兌現，但投資績效卻落後大盤、害客戶賠錢，這樣的事情違背我的信念。只要去看《客戶的遊艇在哪裡？》(Where Are The Customer's Yachts) 一書，你就會知道這種事在華爾街有多麼普遍。

我想把這些想法公開出來，並且供大家評斷，這樣你就可以自行判斷，我們也能一起創造價值。我要先聲明，我並不擔心有人「竊取」我的策略——這個產業的人普遍會有這

種懷疑——好像你需要保護一個祕密公式,害怕被別人看到一樣。這個策略非常簡單,就像本書書名一樣,所有必要的資訊都可以很快在網路上搜尋到;但能否堅持任何策略,說到底都是心態問題,而這需要你自己向內搜尋——這是上網搜尋不到的。

這本書沒有要做的事

　　我必須先說清楚,這本書不是在介紹股票市場,也不是在介紹 ETF 和共同基金的費用結構,更不是在分享稅收優惠帳戶、指數投資、平均成本法或股利再投資策略⋯⋯對於想透過細節微調模型的資產負債表的人來說,這不是一門有價值投資的高級課程。

　　本書也不是關於股票與房地產的比較,或是哪種加密貨幣即將飆漲,又或是如何透過技術分析和當沖快速致富。讀完本書後,你不會長出六塊肌、銀行存款不會多出 1,000 萬美元,也不會出現能記住所有密碼的能力——除非你在開始讀本書之前,就已經擁有以上特質了。

　　這也不是一本從維基百科文章中複製貼上、引用巴菲特和彼得・林區名言的書——看到那些說了一堆、卻等於什麼都沒說的投資書籍,我已經厭倦了!(當然,我也要很不好意思地說,我有引用巴菲特和林區的名言——因為有些真的

講得太好了……。）

網路上很容易就能找到大量且好用的資訊，可以回答你的基本問題，所以，如果你是投資小白，我建議你先從網路搜尋開始。你應該先了解，為什麼股票這種利用生產性資產創造價值的企業所有權，是累積財富的絕佳長期途徑。

我也讀過其他投資理財書，品質和方法各不同。首先，**「買低賣高」並不是一種策略**，這就好像是在說「把球投進網子裡」是一種策略一樣！但是你會驚訝地發現，有許多投資書籍真的就是這麼說：「根據對你有利的價格走勢進行交易……」好哦，那價格走勢和我的預期相反時怎麼辦？很多書會說類似「買進有良好成長性、品質和價值的公司」等老掉牙的話語，卻沒有明確可以用來操作的方法。這種書只是從金融業老手的模糊評論中，篩選出普遍適用的格言，全部再講一次而已。給我一些具體的方法吧！

有些書寫得稍微具體一點：買進並持有快速成長的公司、買進護城河很寬的公司，然後絕對不要賣出、平衡這個和那個指數基金——還有一些人乾脆說「買你每天使用的東西的股票」，如果你喜歡他們的產品的話……。

這些話具有以下特色：首先，太過憑感覺；第二，過於籠統；第三，假設這就是唯一的投資風格；第四，似乎必須做更深入的研究（而不是更少研究）才會有用。

老實說:「買進並永遠持有」是一個很傻的策略。長期投資之所以是成功關鍵,是因為(有時令人困惑的)「複利」。但是**如果我們不知道為什麼要持有,就永遠不知道為什麼要出售**。如果你曾經憑直覺買喜歡的個股,但是最後幻滅,這就是為什麼,一套投資策略必須更完善,不能只有這些箴言。

那麼,這本書到底在講什麼?我就直截了當地說了:我們都希望用很少的付出,來獲得豐厚的報酬!這是一本關於「如何選股」的書——更精確來說,循序漸進地指導你,如何透過簡單的策略**挑選優秀的公司,同時將你研究股票和交易時間減少 99%**。我們將透過一個數字準確了解「好公司」對於這個策略的意義。你不會找到「101 種不同的策略供你考慮」;本書以我自己的策略為根基,我用這個策略、投資自己的錢,在思想的競技場中搏鬥。你可以自行判斷,我希望你能從中得到一些被科學思維激發的有趣觀點。

這個策略的基礎是,長期投資人在使用資訊來評估企業時應該要是「少即是多」。這個觀點雖然有爭議,卻恰當地符合像素化的真相,就算擁有了世界上所有資訊,我們也無法預測未來的股價。我們將學習如何使用演繹法來執行特定策略:限制可能性、過濾雜訊,以及趕快丟掉爛蘋果,讓好的公司自己來找我們。

我們將看看創投業的操作方法，以了解小規模投資的優勢。我們將透過查看公司的完整病史，學習如何在 60 秒內扮演醫生、診斷任何一支股票。最後我們將看到，這其實並不是什麼天大的祕密：就像飲食和運動一樣，想要實現財務成功，說到底就是心態問題。如果你覺得這聽起來不錯的話，那麼就讓我們開始深入了解，為什麼我們不應該再查看股價吧！

第二章

為什麼每次看盤，
都在虧錢？

這是一個簡單的問題，但有很多答案，物理學家可能會說，就像薛丁格的貓一樣，我們處於「量子疊加」[i]的狀態——同時在賺錢和賠錢。

如果我們觀察自己的帳戶，可能會導致股票價格波函數崩跌（Wave Function Collapse）——然後，它就真的崩跌了！或許如此，但這裡有 3 個（稍微更符合現實的）原因可以解釋為什麼我們只要看盤就是輸了：

- 資訊超載（Overloading）。
- 過度交易（Overtrading）。
- 難以忍受（Overwhelming）。

你有沒有遇過這種情況：在完全正確的時機進場，卻在股價要起飛之前退出？我也有過這種經驗。研究顯示，除了稅收損失和投資組合再平衡等原因之外，過度交易最終也會損害我們的報酬率[1]。

從 1996 年到 2015 年，資產類別之間的交易，對普通投資人造成了一定的傷害，每年的報酬率只有 2.1%（甚至輸

---

[i] 編按：quantum superposition，在古典力學中，一個系統只能處於一種物理狀態；相較之下，在量子力學中，系統具有不確定性，而且各種可能性同時存在，這種不確定的狀態稱為「疊加態」。

給通貨膨脹），而股票的年報酬率為 8.2%[2]。這並不奇怪，我們很容易被短期波動搞得焦頭爛額，從而忽略了那些至少部分由穩健公司基本面支撐的長期趨勢。也許是因為價格波動太大，讓我們感到害怕；也許是價格完全不動，讓我們覺得無聊。無論是哪一種狀況，我們都常常懷疑自己的決定，並因而付出代價。

第 3 個原因是難以忍受，而所謂的「損失厭惡」（loss aversion）屬於投資心理學的範圍。這種認知偏誤所描述的意思是，虧損對我們心理上造成的痛苦，比獲利所帶來的快樂更強烈。在行為經濟學中，這種「贏／輸」的不對稱性，可以透過康納曼和特沃斯基（Kahneman and Tversky）的前景理論（prospect theory）[3] 來深入了解，也與我們所熟悉的消極偏見[i] 有關，儘管 10 個評論中有 9 個好評，但因為有 1 個負評，就讓我們感覺自己還是失敗了。

一年有 252 個交易日，如果我們每天都會看一次股價，發現有 126 個日子下跌、126 個日子上漲，就算最終獲得了正報酬，但在我們的腦海中，還是會感覺虧損的次數比實際上更多。因此，我們將學習如何透過資訊節食（挑選更好的

---

[i] 編按：negativity bias，人們普遍對於負面的訊息都會比較敏感，對於正面的訊息就容易習以為常。

股票）、資訊斷食（減少交易的頻率）和改進的心態，來克服上述 3 個原因。但是那種難以忍受損失的感受，其實是一種本能；而意想不到的是，這個本能將是你成為一名優秀投資人的關鍵。所以，其實最重要的投資法則，早已深植於我們的大腦中！

投資第一法則：
避免巨額虧損，以獲得長期財富

我們退一步思考，從最大的問題開始想：我們為什麼在這裡？因為數百萬顆恆星的爆炸，將原子散布到整個銀河，最終形成了地球，並孕育出能夠提出這個問題的有意識生命嗎？不是啦！我們要談的是如何實現長期報酬的最大化──這是投資時最簡單的目標。

買低賣高，對吧？廢話，但是在社交論壇 Reddit 上有一個帳號 wallstreetbets 發表了一個迷因（見下頁圖），就非常清楚地使用數學，針對這一點展現了尖銳的說明。在該迷因中，英國科幻影集《神祕博士》（*Doctor Who*）中的克拉拉·奧斯瓦德（Clara Oswald）向博士提出一個問題：「200%很多嗎？」博士回答：「視情況而定，如果是獲利？那就不多；如果是虧損？那就很多。」博士說得沒錯。

宇宙訴說的真理既簡單又深刻──好的迷因也是如此。

複利,代表獲利會產生更多獲利,但是當計算反過來時我們就會發現,虧損 20%,需要獲利 25% 才能補得回來;虧損 50%,需要獲利 100% 才能補得回來;虧損 90%,需要獲利 1,000% 才能補得回來⋯⋯而虧損 100%,遊戲就結束了。**投資的目標,是避免巨額虧損來將長期報酬最大化!**我們的大腦已經明白了這一點:負面偏誤的警鐘會因為小額虧損而被敲響,但是卻覺得小額獲利很無聊。

正確累積財富的永恆智慧是:省下一分錢就是賺到一分錢。事實證明,**比起賺一分錢給我們帶來的快樂,節省一分**

▲ 200% 很多嗎?/視情況而定⋯⋯/
如果是獲利?那就不多⋯⋯/如果是虧損?那就很多⋯⋯

錢更能保護我們免受更多痛苦。正如巴菲特說過的經典名言:「第一條規則,不要賠錢;第二條規則,別忘了第一條規則。」財富保值是財富長期成長的關鍵。

重新思考風險與報酬的取捨

如果投資的目標是將長期報酬最大化,那麼從數學角度來看,實現目標時會遇到的最大阻礙就是出現「極大跌幅」,所以我們應該更加仔細思考,風險一詞的定義究竟是什麼。畢竟我們都學過,如果想要獲得高報酬,就要承擔高風險作為代價──這就是現代投資組合理論的「風險-報酬的取捨」(risk-reward tradeoff)。

投資上市公司數百億美元投資組合的經理人,都必須與「風險分析師」開會,分析師會向經理人解釋風險藏在哪裡。他們透過價格波動性[4](也就是價格某一天到隔天的波動幅度)來衡量風險,然後建議經理人去投資那些「沒有相關性」的股票來分散投資,以降低波動性。這麼做的代價就是會降低報酬率,但其實還有一個更大的問題:不重要的時候,相關性雖然很低,但是事關重大時,相關性就會變得很高,意思是說,崩盤的時候,所有投資標的都會同時崩跌!

因此,我們縮小了上漲的空間,卻沒有真的降低下跌的風險,正如投資人彼得‧林區所說,我們成功地實現了「惡

性分散」（di-worsified），來安撫自己想像出來的風險報酬取捨之神。我出席過這些投資組合經理人與風險分析師的會議，我覺得那些分析師所說的，根本是見樹不見林。

從「風險＝價格波動」這個定義來看，的確讓風險分析師的工作變得很簡單：他們只需要用電腦，對數字做一些簡單的平均值計算就好。真正的風險應該是崩盤導致所有資金全部虧損一空，因為這是無法挽回的；但是，要預料到意外的發生，才是真正困難的任務。

我們不該把風險與報酬的權衡，視為用較高的報酬換取較低的價格波動，而應該把最大虧損（max loss）視為決策風險的相關衡量標準[5]。根據這個定義──「風險＝把一切賠光」，這才是我們真正該在意的事！納西姆・塔雷伯（Nassim Taleb，《黑天鵝效應》〔*The Black Swan*〕作者）在其書中就是強調這一點，我非常推薦有興趣的讀者去讀他的著作[6]，因為這些書對這套策略、甚至我個人的投資觀都有著深遠的影響。

> 「只有不知道自己在做什麼時，才會有風險。」
> *"Risk only comes from not knowing what you're doing."*
>
> ──華倫・巴菲特 WARREN BUFFETT

所以結論很簡單，**在進行長期投資時，強大的防禦就是最好的攻勢**。因此，減少最大回撤（max drawdown）等同於降低長期風險，也等同於提高長期報酬。我們不該思考應如何在風險與報酬之間取捨——也就是用增加風險來提高報酬；其實正好相反，我們應該將兩者視為相同的目標：降低風險以提高報酬！實務上來說，這表示要不惜一切代價避免龐大的虧損。有關重新思考風險報酬之間的取捨，可以參考馬克・史匹茲納格爾（Mark Spitznagel）的精彩著作《黑天鵝策略》（*Safe Haven*），書中詳細介紹了對數函數（logarithm function）在投資、保險和博奕中的重要性。

CAGR 就是王道

在金融界，「隱藏重點」是司空見慣的手法，他們會用各種誤導性的指標來呈現績效。例如只看過去 3 季的報酬（近因偏誤）、從我的生日開始到你的生日結束這段期間的報酬（隨便找一個開始或結束日期）、整合過去 5 年的報酬，卻故意忽略發生百年難得一見的崩盤的那個月……看到這些東西，我只有 4 個英文字母想對這些人說……等等，不是那個 F 開頭的髒話啦，是這個：CAGR（複合年成長率，Compound Annual Growth Rate）。

複合年成長率——也就是年化成長率，這是長期投資中

真正重要的唯一指標。不同於一般的平均值，這是透過將數字總數相加並除以總數（算術平均值）來計算，CAGR 的計算是將數字相乘（並取 n 次方根，而 n 是總數——這就是幾何平均值）。

這就是我們如何避免巨額損失的數學原理，以極端情況來看，原因也很明顯：損失 100％ 代表報酬為零，任何東西乘以零仍然是零！由於複合年成長率的乘積特性，不論是去年發生，還是 100 年前發生的，都會被計算進去，你無法把過去藏起來，當作從來沒發生過。

舉例來說，假設 3 年內你的策略的報酬率分別為＋60％、＋60％、－60％。這些數字的（算術）平均數是 20％。但這不是你口袋裡的現金數目，3 年後，你的年化報酬率會變成不到 1％！由於 CAGR 告訴你，在反覆複利計算獲利和虧損後實際上賺到多少錢，所以這才是判斷長期績效的真正方法——用一個數字，就能說明一項策略的完整歷史，這就是為什麼 CAGR 是王道！

▌投資第二法則：避免「資訊超載」

資訊超載的「終端」案例

我還記得第一次使用彭博終端機（Bloomberg Terminal）

的經驗——這是一個強大的金融資料平臺，幾乎可以提供你所需要、與股票市場相關的所有資訊。你會覺得自己像巫師一樣，擁有伸手可及的巨大力量。

需要查看菲律賓構造板塊沿線或肥料製造商附近油輪的即時地圖嗎？還是你想了解社群媒體上近期大眾的情緒狀態，以了解安哥拉（按：非洲西南部國家）基本金屬的重大趨勢？還是，也許你只是想在富豪專屬的購物網站上，尋找你想買的高級勞力士（Rolex）名錶或麥拉倫（McLaren）跑車？是的，彭博終端機可以提供你各種資訊！我至今仍在努力尋找彭博的哪個功能，可以告訴我德國製藥業的財務長們，在啤酒節期間是穿什麼顏色的襪子。

有一位彭博的代表幫我設定了系統，在我的巨大多螢幕顯示系統的各個角落貼滿了資訊（字體非常小），不只是股票價格，還有各政府部門新聞發表會的日曆、科技業頂尖公司的機構投資人、全球指數的最新資訊、財報公布資訊、分析師評等、大宗商品價格……這個過程結束時，我發現我已經無處可躲；訊息到處都叮著我，用明亮的燈光和閃爍的色彩吸引我的所有注意力；不過，這一切卻造成了反效果，這些訊息使我更加緊張，使我的腦袋化成一坨漿糊。

我無法不這樣想，我覺得這一切完全是故意的——終端機讓我覺得，如果我沒有吸收螢幕上出現的每一項資料，那

我就會錯過市場上其他人已經吸收、並反映在他們的模型和股價中的資訊。

金融界的每個人都在使用彭博終端機,真的是每、個、人都在用。但是我不斷地看到,即使是業界裡的資深投資者,那些具有幾十年市場智慧、白髮蒼蒼的專家,他們仍沒能充分利用這項技術的潛力——終端機的潛力大得很;因為,這些資深的專家不僅使用終端機,還被其他平臺、軟體、應用程式和工具所淹沒,為他們提供更多、也更詳細的資訊。

彷彿這還不夠似的,還有一整個子產業,唯一目的就是用新聞塞爆你的收件匣,例如稅法對影響消費者習慣的分析師報告、在最新土壤報告發布後,南非的鈾金屬市場現況,或是下斯洛博維亞[i]獨裁者感冒後,國防工業股票的最新目標價。有十幾封電子郵件告訴我們當天市場的表現如何,每一封的數字都一模一樣……這些東西我用那臺該死的彭博終端機就看得到了!

我發現,每個我互動過的人,他們其實也處於這種被訊息無止境轟炸的情況,但似乎都能正常生活並適應這種雜

---

i 編按:Lower Slobbovia,一個虛構國家,通常被描繪為發展落後、社會封閉、偏遠貧困或文化未開化的地區。

訊。我相信所有投資數十億美元大型投資組合的經理人都意圖良善，並有與擴大其投資組合一致的激勵機制。這些人都很聰明，就像是行走的百科全書一樣，懂得從紛擾中分辨出屬實的資訊；但是，他們誤以為自己比實際上更加聰明，因為他們都在不知不覺中誤信了一項觀念：多年來整天沉浸在股市新聞中，會讓他們更了解股市。

的確，他們比不在金融業的人更了解商業活動的細節，但這其實隱含了一個未明言的假設——他們心裡其實一直相信，只要掌握越多細節和資訊，長期下來就能挑到更會賺錢的股票、賺到更高的報酬率。

接著，投資組合經理們會讓一群才華洋溢的分析師圍繞在自己身邊，而這些分析師也熱衷於分享他們的關鍵見解。一位優秀的分析師背得出一間公司的資產負債表，彷彿數字就寫在他的手背上一樣，但更令人佩服的是，他能深入思考每一間公司的商業模式，將其放在更廣闊、全面的環境背景下分析。

這些分析師可以流暢地編織出一段敘事，從邊際客戶講到影響公司的全球總體經濟力量，解釋目前的形勢，並很有自信地對未來高談闊論。簡直像是在聽一位體育評論大師講述進球過程，精確地指出所有球員在場上的位置，準確解釋這一分究竟是如何得來的……他引導你相信，每一個動作都

經過深思熟慮,而且非常必要,必須這麼做才能達到最終的結果。

但是我卻在想**像素化的真相**:分析師(或其他任何人)究竟需要放大多少,才能看清楚全貌——如果真的有必要放大的話?分析師的獎金,取決於他們是否能向老闆的老闆的老闆的老闆證明,每個模糊的像素都包含了有價值的資訊——而他本人作為擁有所有像素的分析師,因此也握有那份價值。

當某個像素變暗或看起來不對勁時,我們便會把目光投向分析師和他們所散發出的資訊噪音,開始因為那一個小小像素而產生恐懼或貪婪,誤以為它透露了關於整體局勢的重要訊息。資訊超載就這樣在「有價值見解」的假象下,成為了破壞性的力量。而我們真正該做的就是退一步思考,在這些資訊中,有多少真正對我們這些投資人有幫助,能讓我們找到可以適應不可預測的未來、持續發展的優秀企業?

資訊壓縮和「80／20 法則」

事實證明,有一些基本法則限制了一張圖像能傳達多少資訊。我們收到的所有資料都是有限的像素化形式——這裡一份季報,那裡一份公司新聞。有一個數學定理[7]指出,當我們只能取樣像素化的數據時,對底層現實的認知準確度是

有限的。無論你多麼努力,都無法從一個模糊的像素中榨出更多的資訊。

與其一直放大畫面、瞇起眼睛,編造超出模糊像素所能告訴我們的內容,我們不如換個角度提問:**我們能否在保留住關鍵資訊的情況下壓縮資料?**對數學感興趣的讀者,可以去看看克勞德・夏農(Claude Shannon,美國數學家)的原始碼編碼定理,它與熱力學——「第二定律和熵」有著有趣的關聯。

而對我們來說,該定理的重點在於:資訊壓縮是可能做到的,而且不會遺失任何資訊(在一定的程度範圍內)。對於那些曾經壓縮過大型檔案,以便快速傳送重要資料的人來說,這一點很熟悉——訊息並非總是愈多愈好。這一點很值得強調,我們的目的並不是要盡可能獲得最多資訊。真正的目的是要得到足夠的資訊,以便做出明智的決定,同時節省時間和精力。

我們可以壓縮資訊方式包括:一、資訊節食,減少消費以避免超載;二、資訊斷食,減少看盤以避免過度交易。這兩種方式分別為我們提供,根據幾個變數就能簡單選股的篩選條件(請參閱「如何過濾不佳的公司」一章),和一個附有有意義資訊的股票宏觀快照,以便快速建立對任何企業的看法(請參閱「如何在60秒內評估一支股票」一章)。

> 「比起乘以 π，我們寧願乘以 3。」
> "We would rather multiply by 3 than by pi."
>
> ——華倫‧巴菲特 WARREN BUFFETT

那麼，要壓縮多少資訊，才能讓我們的生活變得更輕鬆？答案來自帕雷托原則（Pareto Principle），又稱為「80／20法則」，這是義大利經濟學家維爾弗瑞多‧帕雷托（Vilfredo Pareto）觀察到的結果：義大利80％的土地被20％的土地擁有者控制著。

這個法則相當普遍：80％的結果是由20％的原因產生的——80％的利潤來自20％的客戶、80％的生產力來自20％的勞工、80％的交通集中在20％的道路上、80％的手機使用量集中在20％的應用程式上……依此類推。

這是「冪律分布」（Power Law Distribution）[i] 的一個例子，這種分布在自然界中普遍存在，雖然比例上並非絕對是80：20。冪律的優點在於，你可以反覆套用：我們可以在20％的時間內學習80％的資訊，而在這20％的時間內，我們又可以學習80％資訊中的80％……再重複一次這個過

---

[i] 編按：不對稱分布的現象，少數個體占據大多數資源或影響力，而大多數個體只占極少的資源或影響力。

程,我們會得出一個結論:我們可以**在 1%的時間內完成 50%的工作!**

請不要試圖挑戰這個法則,你不可能在 2%的時間內完成 100%的工作(更別說在 3%的時間內完成 150%的工作),因為 80／20 法則的好處會遞減,當你做得更多,能得到的效益卻越少。雖然這些確切的數字主要是用於說明而已(你將在下一章中看到執行篩選的方式有多容易),但重點是,自然界存在一些普遍原則,我們明顯可以大幅減少努力(如減少 99%的努力),但仍然可以根據足夠的資訊(如 50%的資訊)做出明智的決定。

以一年 365 天來算,這表示你大約只需要工作 4 天的時間,就能獲得足夠的資訊。事實上,這 4 天剛好也與公司每季發布財報的節奏吻合——這些財報會揭示過去 3 個月的實際營運數據,為我們提供一次「財務健檢」,幫助我們衡量企業品質,並獲得具體且有意義的回饋。這樣一來,我們就能避免因為市場噪音而頻繁交易,這也正是本書副標題的由來:**一年只交易 4 次!**

綜上所述得出的結論是,我們不應該浪費時間在細節上,這樣子得到的資訊價值反而遞減;你不用知道每張圖的每個細節,就可以掌握整體狀況。此外,資訊對預測未來的能力也同樣存在遞減效益,即使我們了解了像素化圖片中發

生的事情,也無法把它變成一部完整的電影!關於這點,稍後會談到更多,但是首先我們要談談⋯⋯蒙著眼睛投擲飛鏢的選股猴子。

蒙著眼睛投擲飛鏢的選股猴子

如果你之前有聽過這個說法,那可以先跳過這一段:2001 年,《華爾街日報》(*The Wall Street Journal*)刊登的文章〈蒙眼猴子選股打敗人類〉(Blindfolded Monkey Beats Humans With Stock Picks)[8]。

也許你會覺得這太扯了,但我告訴你,那可不是只發生過一次的事件:這位靈長類選股者,在 1999 年成為美國最成功的基金經理人第 22 名,牠用投擲飛鏢的方式,在 133 間網路公司中選出並組成的投資組合,報酬率高達 213%,績效優於華爾街 6,000 名專業基金經理人,甚至是道瓊指數的 4 倍。

動物王國可是非常殘忍的,相同的實驗對貓、狗、牛、駱駝都做過一次,甚至對植物也做了,讓這些生物隨機選擇標的。

據文章所述,這些例子要呈現的是效率市場假說(efficient market hypothesis):如果市場真的能即時反映所有公開資訊,那就沒有人能在選股上取得優勢,股價變動將完全

隨機──連一隻猴子隨手丟飛鏢選股也一樣有機會獲勝[9]。雖然這些故事看起來很好笑,但我們仍該尊重這項結論,睜大眼睛去看(不要像那隻猴子一樣蒙著眼睛⋯⋯)。有些人可能認為,那些持續打敗市場的長期投資人只是運氣好,我們都應該投資低成本的指數基金,而選股就好像是在擲飛鏢,是無法打敗隨機的價格變動⋯⋯。

然而,既然我們正在探討如何挑出「贏家股」,這就說明我們並不相信市場真的如此有效──我們認為這是想像出來的,就像理想氣體[i]、零摩擦表面和誠實的政客一樣。

從像素化的角度來看,猴子處在資訊光譜的一端,而那些整天蒐集市場新聞的「專業」基金經理則處在另一端;不過,就兩派的選股報酬率來說,基金經理和猴子大概也是惺惺相惜。雖然我們也不打算完全蒙住眼睛來選股,但我們應該承認,用盡全力去蒐集股市相關的資訊、研究每一塊像素,絕不會是致富之道,甚至可以說,根本沒必要這麼做。

當然,公平來說,真正的測試應該是那隻猴子能否在長期內持續維持優良表現,並主動管理牠的飛鏢選股(畢竟,那隻猴子在 1999 年選的所有公司,都在科技泡沫破滅後倒閉了)。儘管如此,我們會在後面的章節了解到,猴子其實

---

i 編按:ideal gas,假想中的氣體模型,不是真實存在的物質。

比市值加權指數更具優勢，所以這個實驗並不完全只是「猴戲」而已。

為什麼沒有人能預測未來

> 「不要看報紙。如果想要知道什麼是真的，讀去年的報紙就好了。」
>
> "Don't read newspapers. To become convinced, go read last year's newspaper."
>
> ——納西姆・塔雷伯 NASSIM TALEB

在舊金山灣某個陰雨的早晨，矽谷最大銀行度過了糟糕透頂的一天。在其 40 年的歷史中，矽谷銀行（Silicon Valley Bank，股票代號：SIVB）一直是數萬家位於創新和尖端技術前沿的新創公司，以及投注於這些公司的創投公司的首選銀行。我自己在經營一家由創投支持的潔淨科技新創公司時，也曾使用過他們的服務，從來沒有任何不滿。

但這一次，這間位於高科技核心的老牌銀行卻遭遇虧損，原因是未能妥善管理聯準會（FED）升息帶來的風險，導致該銀行投資的長期債券虧損了 18 億美元[10]。矽谷銀行打算發行股票增資，以填補資產負債表的漏洞，避免市場恐慌，但市場卻沒有收到增資的消息……

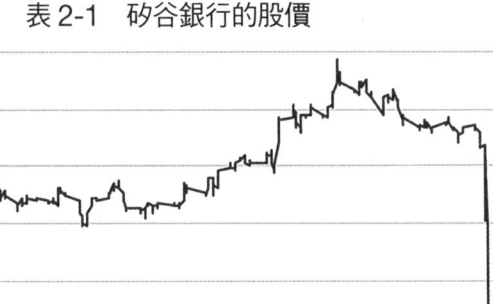

表 2-1 矽谷銀行的股價

2023 年 3 月 9 日，矽谷銀行的股價在交易時段內暴跌至 106 美元，相較於前一日的 268 美元，重挫了 60％！開盤後仍在持續大屠殺，存款戶都急著想要領出存款，造成典型的銀行擠兌[i]，監管機構第二天就關閉了這間銀行。

其實，銀行巨額資金虧損並不是什麼新鮮事，綜觀歷史過去事件，假如銀行沒有三不五時爆發問題（並懇請納稅人

---

i 編按：被大批存款客戶要求提款領回自有儲金，通常發生在銀行營運上有重大負面傳聞時，銀行遭遇集中且密集的提款，很可能支應不及而宣告營運困難。

紓困）才奇怪！不過，我覺得很有趣的是，這種事總是有可能發生，但分析師卻從來沒有注意到，甚至在事件發生的不到一週前，分析師給出的目標價居然高達 312 美元[11]；而不到一個月前的目標價則是 350 美元[12]。我甚至看到一位分析師在股價暴跌到 39 美元的前兩天，預測股價區間在 380 美元，而「下跌風險」是跌到 200 美元。就在這個預測的兩天後，這間銀行就已經不復存在，被政府接管了！

但分析師常常事後諸葛地說：「市場現在已經將破產風險計入價格⋯⋯所以我得再去更新我的模型了。」如果你只是根據歷史的價格來做投資決策，那麼祝你好運，想要預測如此驚天動地的崩盤可沒那麼容易！

過去的績效，不能保證未來的結果

效率市場假說解釋了為什麼猴子能贏，分析師卻無法預測未來的結果：因為所有（公開）資訊都直接反映在股價裡了，所以價格是隨機的。

然而，這種說法讓人以為可以將假說檢定（hypothesis testing）[i]的科學方法套用到市場上，不過，這需要在相同條件下重複實驗；雖然在化學實驗室裡可行，但在市場中卻不

---

i 編按：推論統計中用於檢定現有數據，是否足以支持特定假設的方法。

可能（除非你有時光機），因為世界不斷在變化。

但這並不代表科學對預測股市這件事毫無幫助，科學方法並不只是從理想化的市場出發，然後應用複雜的模型來試圖預測未來。事實上，我認為正好相反，真正科學化的投資方法，是對所有假設都保持良性的懷疑態度，並了解任何概念的任何觀點的局限性（以及誤差範圍）。

與其說市場的不可預測性源自市場的快速變化，倒不如說市場之所以不可預測，是因為它是一個複雜的系統，一個由買方和賣方組成的團體，每個人都有自己的內在動機。眾所周知，複雜系統的行為是無法預測的──無論是細胞、大腦、城市還是氣候。當大量組成內容（分子、神經元、人類）互動時，會以全新的方式運作，產生的結果遠超越各部分的總和。我們無法用基本原則去預測未來會發生什麼事，只能觀察回饋循環、網路效應和病毒式傳播，如何將微小的波動放大，最終引發改變世界的事件，例如……負油價。

但即便如此，我們還是忍不住想問那些「專家」：明天市場會怎麼走？每當基金經理人做出預測時，「過去績效不能保證未來結果」這句免責聲明幾乎總是會被印出來，而且通常是用最小的字體，作為終極防護措施。講了這麼多次，還是有人中招，就像微波爐加熱捲餅的包裝上寫著「小心：內容物燙口」一樣……但我們仍會被燙到！

關於折現現金流,只需要知道一件事,那就是……
你不需要知道它!

你會花多少錢買一個裡面裝有 100 美元的盒子?忽略盒子本身的價格,一個理性的人會出價高達 99 美元,但不會以 101 美元的價格購買。換一個問題:一個連續 100 天、每天都會吐出 1 美元的盒子,你願意花多少錢買下來?如果你是一個非常有耐心的人,那你可能會再次將盒子估價為 100 美元:現在某個東西的價值是,它在未來吐出的所有現金的總和——從現在到宇宙毀滅為止。但就算這個盒子最終仍然會給你 100 美元,你還是必須等待一天才能領到 1 塊錢,而且我們大多數人都沒有那個耐心。

「一鳥在手勝過二鳥在林」,因為在樹林裡找鳥需要時間,這些時間本來可以花在更有生產力的事情上。盒子也是同理,今天的現金比明天的現金更有價值,因此我們必須對未來的現金做折現。這只代表我們要用一個「利率」去除以未來的現金流,也就是錢的「時間價值」——未來越遠,除數就越大。就這麼簡單!這種將未來(貼現)現金流相加的貼現現金流(Discounted Cash Flow,簡稱 DCF)計算方法,可用於對現在的盒子進行價值估算,對股票、債券、房地產、企業或任何投資都一樣[13]!

作為投資人,我們買進股票(企業所有權的一部分),

是因為我們預期企業將使用有生產力、創造價值的資產，在未來產生現金流。這與投機者不同，投機者不管資產是否具有生產力，而是打賭別人將來某個時候會以更高的價格，買下他們手中的股份（讓別人去套牢）。如果我們知道公司從其資產中能產出多少現金，而這些現金會以股利（或未來的股利承諾）的形式返還給股東，那麼這些折現的未來現金流，就會告訴我們這支股票現在值多少。

太好了，如果是這樣，這個遊戲就很簡單了──計算現在股票的價值，如果低於現在價值就買進，如果高於現在價值就放空。買低，賣高，買遊艇！

不幸的現實是，投資的所有微妙之處、不確定性、獲利和虧損，全都阻礙我們實現實際的折現現金流。我們可以在便條紙上寫下量子力學的薛丁格方程式──這個方程式告訴我們，宇宙中所有粒子都以集體機率波的形式運動──但是只會寫方程式，並不表示我們可以用有用的方法來解開它！世界各地的分析師們都沒有了解到這一點，他們仍然不斷將數字代入 DCF 公式裡，試圖根據不可知的未來，去估計股票的價值。這導致了毫無意義的目標價──就像前面矽谷銀行的例子──就算這些目標價錯了，分析師們也只是隨便更新罷了。

所以，雖然我們可以寫下一個簡單、可用來評價任何投

資之價值的公式,而且在公式中輸入一些數字說不定讓你「感覺很好」(公式會明確地吐出一個股價,與當前市場價格進行比較),但計算過程中涉及的其他變數,如成長率和利率,卻是不斷變動的目標。當利率上調時,未來的現金流會減少,這表示公司現在的股價會降低。即使現金流沒有變化,公司的價值也會下跌。現在,假如你嘗試在利率的基礎上預測未來的現金流,你就會明白為什麼價格目標簡直就是不可能實現的美夢!

DCF 應該要告訴投資人他們所需知道的一切,但它仰賴對未來的預測,而每個人心裡對未來都有不同看法。就連企業價值的估值大師巴菲特也說,如果你必須透過 DCF 分析來決定一間公司是否被低估,那代表你計算的安全邊際已經太小了!

本章要點

1. 投資的目標是避免大額虧損。
2. 資訊超載,是投資成功的最大敵人之一。
3. 獲取更多資訊,無法保證你能更了解某個重要細節,或對未來的預測更準確。
4. 80／20 法則告訴我們,我們可以壓縮資訊以過濾雜訊、快速了解企業,而且,一年只需要交易 4 次。

第三章

如何過濾不佳的公司

在我們開始談論「資訊節食」之前，我要先承認一件事：我說了謊。我從書名就在對你說謊，現在該坦白了，這本書談的不是如何挑選賺錢股，而是如何避開賠錢股！

▋一顆爛蘋果，毀掉一整桶蘋果

你可以把股市想像成一大桶蘋果，有人說選股的祕訣是在桶中找到最成熟、最美味的那顆蘋果——也就是巴菲特口中的「優質公司」（Wonderful Company）。

但假如你實際這麼做，這會是一項永無止境的工作：你必須不斷將每顆蘋果與其他蘋果比較，檢查質地、顏色、硬度、微妙的風味特色……。

我想提出一個正好相反的想法，我們先從接受像素化的真相開始：首先要資訊節食，篩選雜訊並將其壓縮，找出真正關鍵的事實，以節省時間和精力。從 CAGR 的數學中，我們了解到，一顆爛蘋果對我們的傷害，比一顆成熟的蘋果對我們的幫助更大——俗話說得好：「一顆爛蘋果會毀掉一整桶蘋果。」（one rotten apple spoils the whole barrel.）

總而言之，我們最好將時間和精力放在清掉爛蘋果上，也就是那些容易被發現的壞公司，我們可以快速地將它們從桶子裡挑出來。去掉爛蘋果，就可以降低風險，並增加長期報酬；接著，不管桶子裡剩下什麼，都足以幫助我們實現複

合年成長率。最好的方式是遵循 80 ／ 20 法則，我們只須付出最小的努力就能完成這種篩選，同時仍能對結果保持信心——因為未來本來就無法被準確預測。

塔雷伯在他的《反脆弱》（Antifragile）一書中，將這種方法稱作「否定法」（via negativa）：這是一個嚴格的框架，使用負面而非正面的知識來理解世界。用塔雷伯大師的話來說就是：「**我們對某件事『不是什麼』的了解，往往比『是什麼』還要清楚。**」只要我們非常確定哪些公司已經腐壞，並能迅速將其去除，那麼，當我們思考哪間公司最成熟、要做出決策時，就更不容易被細節分散注意力。

將注意力集中在消除負面因素上，我們勢必會錯過一些巨大的潛在報酬——但這其實完全沒問題！在龐大的股票宇宙中，我們的目標不是捕捉每一支十倍股或百倍股。從 CAGR 的數學來看，在篩選過程中放棄一些尚未成熟的機會，我們反而是樂見的，只要我們可以更確定，沒有任何一顆爛蘋果會留下來，汙染桶子中的其他好蘋果。

好公司能把錢變成更多錢

現在，該去挑選蘋果了！接下來，我會介紹一些有意義且可以衡量的數字，這些數字將為我們提供有關公司是否營運健全的重要資訊。首先，**你要知道，好公司與價格無關！**

無論股票是否已經在區間震盪長達一年，還是價格是否剛剛飆漲、每天創新高，這都不重要。一家公司的股價——也就是你擁有該企業部分所有權的價格——由充滿買方和賣方的市場決定，他們每個人都有自己的個性傾向、對公司的看法，以及對未來的預期。

接下來，我們要根據一間公司從現在起到宇宙毀滅的那一天，能夠產生的潛在現金流，來判斷它是不是一筆好的交易。我們可以利用「基本面」研究來深入了解公司的財務狀況，而不是專注於每一天、每一分鐘的波動，受嘈雜的價格走勢干擾。

那麼……怎樣才是一間好公司？為了方便解釋，我們可以將其簡化成一個指標：ROIC——投入資金報酬率。好的生意就像是一部能「把錢變成更多錢」的機器，它透過投資固定資產（如工廠、設備、土地、機械、設備）來創造長期價值並產生營收（最終產生現金流）。固定資產可以是無形的，如電腦軟體、專利、商標或版權等。公司也可以透過以下方式募資：

- 股權融資（Equity Financing）：發行普通股或優先股。
- 債務融資（Debt Financing）：透過貸款或發行公司債券承擔債務。

這能提供更多現金,流入「把錢變成更多錢」的機器中——也就是所謂的投入資本（invested capital）——以維持這個循環。

> **投入資本（IC）**
> IC ＝權益（Equity）＋債務（Debt）

- 權益（Equity）＝資產－負債
- 負債（Debt）＝短期負債＋長期負債
- 視產業而定，更精確的 IC 情況各有不同（遞延所得稅負債、應計所得稅、無形資產、超額現金等）。

ROIC 只是用來檢視「機器所投入的錢（資本）的報酬率」，也就是「利潤」。舉例來說，若一間公司的 ROIC 是 20％，代表在這項業務上投資 10 美元，每年將產生 2 美元的利潤。這個資訊可以從公司公開的財務報表中輕易計算出來，當然，通常也可以在網路上搜尋。

這個數字為我們提供了來自市場（不是股票市場，而是企業客戶市場）的重要回饋，這顯示出，企業獲得資金、將資金再投資於機器，並轉化為更多資金的能力。換句話說，

ROIC 衡量的是「公司將資金分配到有利可圖的投資上的效率」有多高。

> **投入資本報酬率（ROIC）**
> ROIC ＝ NOPAT ／ IC

- NOPAT ＝稅後營業淨利＝營業利益 ×（1 －稅率）
- 營業利益可以取過去 12 個月的數據。
- 稅率＝所得稅費用／稅前收入
- IC 可以取區間的起始和結束的平均值。

當然，這中間還有很多複雜的步驟，像是募集資金的類型和條件、如何規劃資金進行投資、擴大團隊和創造新產品、如何行銷這些產品以創造收入、嚴格管理以創造利潤……但是，只要透過一個數字，我們就可以簡化整個故事，只看投入（IC）和產出（從 IC 創造的利潤）。ROIC 可以幫助我們，從根本理解企業作為「價值創造機器」的作用，而且可以直接衡量，不須依賴敘事和對未來的預測。

因此，我們的定義很簡單，一家「好公司」就是 ROIC 較高的公司。這個定義不用依賴過去的股價表現，因為我們

知道股市可能會有很長一段時間不理性！華爾街痴迷於每股盈餘（EPS）的成長，但他們看重的是成果，而不是獲利的長期驅動力——對這臺「賺錢機器」的投資。因此，我們要比華爾街的從眾心理領先兩步！我們的方法是使用 ROIC 做為回饋機制，以便輕鬆監控公司創造長期價值的品質。從長遠來看，一個高品質的投資策略自然會有更低的風險與更高的報酬，這並不令人意外[1]。如果你想深入了解奧地利經濟學和 ROIC 的重要性，我推薦史匹茲納格爾的《資本之道》（*The Dao of Capital*，方舟文化出版），這本書對我自己的投資理念影響深遠，也是本書策略的基礎。

同時，ROIC 不會退流行，且適用於所有產業。也許生物科技業現在很熱門，也許線上遊戲將成為下一個大熱門產業，也許太空旅遊即將到來，又或許重視 ESG（環境保護、社會責任、公司治理）的企業會經歷長達數十年的牛市……嗯，也許吧。但是，預測市場下一步大動作的時機總有一天會失效。

如果我們使用最通用的指標，來尋找那些可以明顯將錢變成更多錢的公司，那我們就不需要告訴篩選指標，最新的爆紅應用程式、蓬勃發展的產業，又或是新興國家的資訊。當然，與其指望能用這個方法炒到下一支「迷因股」[i]，讓你賺翻天，不如把這個當成永不過時的篩選指標，使用得越

久越有效，因為這些公司會持續為我們創造長期價值。

舉例來說，雖然製藥和軟體等產業的平均 ROIC 往往較高，但機會無所不在[2]。自 2004 年上市以來，達美樂披薩（Domino's Pizza，股票代號 DPZ）的 ROIC 一直非常高，維持在 40％ 到 110％ 之間，而且持續對其系統進行再投資。截至我撰寫本文時，該股在 19 年內的報酬達 20 倍，CAGR 為 17％（甚至包括 2008 年和 2022 年的兩次大跌）。相較之下，同一時期的標普 500 指數的報酬率僅略高於 3 倍，CAGR 為 6.4％。

雖然義式臘腸不是什麼尖端技術，但該公司在 2009 年憑著卓越的行銷執行力、送貨訂單數位化，以及最終改善連鎖店的現金流，成功轉虧為盈。其實，透過觀察 ROIC，我們不必對這些細節瞭若指掌；只要追蹤 ROIC，就能掌握企業是否具備長期創造價值的能力。

我們將在「如何在 60 秒內評估股票」一章中，解釋如何尋找趨勢，但其主要概念很簡單：我們希望 ROIC「高而穩定」，這表示這家公司可以穩健地[3]創造長期價值。而隨著投入資本的增加，ROIC 也跟著增加，真是太讚啦！（說

---

i 編按：meme stock，因受到網路追隨者關注，導致股價快速成長的公司股票。

「太讚啦」時要跟義大利廚師一樣親吻指尖。）[4]

然後問題來了：高，是要比什麼高？答案是，比加權平均資本成本（weighted average cost of capital，簡稱 WACC）高。**WACC 指公司為取得資金所須支付的平均利率**。就像一個人的信用卡利率可能很高，汽車貸款或抵押貸款利率則比較低；公司也一樣，其資本來源包括股權和債務：股權的成本是支付給股東的股息，債務的成本則是支付的利息，而 WACC 給出的數字，就是公司的「資金成本」（cost of money）。當公司能夠以高於資金成本的報酬率來使用資金時，也就是 **ROIC 大於 WACC，就會形成一個良性循環**。這表示企業正在創造價值──而這就是我們投資的重點！

加權平均資金成本（WACC）

加權平均資金成本＝

（股權 × 股權成本＋債務 × 債務成本）／ IC

- 股權成本＝股利殖利率＋股利成長率
- 債務成本＝（利息費用／債務）×（1 － 稅率）
- 特別股權益可以加上附加條款。
- 也可以透過資本資產定價模型（Capital Asset Pricing

Model，簡稱 CAPM）計算，以市值取代股權[5]。

WACC 可以被代入折現現金流模型之中，但對我們來說，我們很樂意看到 ROIC 和 WACC 之間有一定的緩衝區間（buffer），這是企業具有優質護城河的指標[6]。我們目前正處於一個低利率時代的尾聲。企業不能再用廉價資金充斥其資產負債表，無止境地追求成長。隨著利率像潮水一樣上漲，WACC 也隨之上升，擁有健康的 ROIC － WACC 差距（即高品質護城河）的企業，將更有能力度過難關；他們可以繼續自我再投資，同時創造長期價值，需求下降時也有一定保護。如果利率的潮水最終退去，這些企業還能從中獲得更多利潤。

同時，我們應該特別注意那些難以維持的高 ROIC。對於低利潤、週期性或大宗商品導向的企業，如自然資源或運輸服務業來說，這種情況很常見。在這些產業中，「供給衝擊」可能導致價格在短期內上漲。舉例來說，如果油價漲一倍，但業務的其他事項沒有變化（經營油井的成本與投入資本不變），那利潤就會飆升，造成 ROIC 躍升。假如有一間製藥公司，在初期階段成功研發出新藥並因此獲得暴利，也會發生同樣的情況。

然而，問題在於，短期的 ROIC 高，不表示公司已經建

立了能使其成為優秀公司的系統——就像中樂透的人，如果沒有學過如何在一夜之間管理大筆錢財，最後還是可能把錢全部敗光。

我們想要投資的公司，要能證明自己可以持續維持高品質，且能適應未來的不確定性。如果一間公司純粹因為運氣好，獲利的鐘擺恰巧盪向他們，那我們買入這間公司，其實是在賭他們的管理層能振作起來，成為資本配置大師。這當然並非不可能（就像中樂透的人，也可以在週末來臨前聘請到一位優秀的會計師），但是當桶子裡有許多其他成熟的好蘋果時，我可不願意冒這個風險。

舉一個例子，下頁表格中列出了一些近期交易活躍的公司（以成交量計算）。光是查看最新的 ROIC 和 WACC 數字，你會對這些企業的「品質護城河」得出什麼結論？名單上是否有什麼意外，還是這符合你的預期？

財務報表中還有另外兩個數字，我們將把這些納入我們的股票快照分析章節「如何在 60 秒內評估一支股票」。第一個數字是損益表的「第一行」，也就是營收（Revenue）或「銷售額」（Sales），是銷售商品和服務所得的全部金額。稍後我們將介紹如何解讀營收成長趨勢，但就這個策略而言，我們希望能找到在增加營收的同時，也能維持 ROIC 的企業。這會形成一個強大的回饋循環，推動長期價值創

表 3-1 近期交易活躍的公司（以成交量計算）

股票代號	ROIC（%）	WACC（%）	值得投資嗎？
TSLA	27	11	是
AAPL	54	8	是
NVDA	13	10	是
NIO	-26	9	否
SNAP	-19	6	否
GOOG	22	8	是
AMZN	2	8	否
MSFT	29	7	是
BAC	5	6	否
META	19	7	是
LCIP	-43	5	否
INTC	2	5	否
NFLX	14	8	是
AMD	2	12	否
PLUG	-13	9	否
DIS	3	7	否

造,而不是維持沒有獲利、還不惜一切代價追求成長。

第二個數字是毛利率（Gross Margin），也就是企業在支付生產所售商品的成本後,所保留的營收百分比。舉例來說,如果一間麵包店以 50 美元的價格出售一個蛋糕,而烘焙蛋糕的原料和人工成本為 40 美元,那麼毛利率就是 20%。當然,我們也可以考慮其他成本和比率,例如扣除營運費用（租金、行銷）後的獲利,但**毛利率是一個簡單且直觀的數字,可以讓我們快速了解企業是否具備競爭護城河。**

毛利率（GM）

毛利率＝毛利／營收

- **毛利＝營收－銷貨成本**
  毛利是扣除生產所售商品的成本（Cost of Goods,簡稱 COGS）後剩餘的錢。
- **營業利益＝毛利－營業支出**
  營業利益是扣除經營業務的成本後剩餘的資金。
- **淨利＝營業利益－利息－稅額**
  淨利是扣除其他非營業支出（如稅金或債務利息）後的剩餘金額。

- **保留盈餘（Retained Earnings）＝淨利－股利**
  保留盈餘，是扣除發股利給股東後所剩餘的（累積）資金。

分享一個好的經驗法則，毛利率超過 40％ 的企業才能擁有不錯的競爭護城河，不過就像 ROIC 一樣，總會有例外。舉例來說，埃克森美孚（Exxon Mobil Corp.，股票代號 XOM）上一季（按：本書原文出版於 2023 年 3 月）銷售石油（一種大宗商品）的毛利率為 21％，而 Meta 在其獨特的社群媒體平臺內投放廣告的毛利率為 74％。

繼續來看爛蘋果⋯⋯不幸的現實是，聰明的會計師可以使糟糕的結果看起來不錯，從而誤導投資人——卻不會違反任何法律。舉例來說，華爾街對盈餘非常執迷，但這個數字可能與企業在日常經營中實際流入的現金大相逕庭，最終並未實際進入公司的口袋。

我們有兩個選擇：一，是成為會計奇才，試著在財務報表中抓出任何可疑的資訊，或是第二，接受這項事實：假如有一個厲害的（應該說是壞的）會計師，他其實可以用許多種複雜的方法來欺騙我們。就算我們比會計師更了解財務狀況，也必須在感興趣的每間公司中努力尋找。然而，這樣的做法容易讓你陷入資訊過載的陷阱中。因此，比起拚命去找

出潛藏的問題，更有效的方式是：**觀察幾個簡單但有意義的數字**，例如高且穩定的 ROIC，以降低被誤導的機率。

▌勇敢地「忽略價格」，真正賣出的時機是──當好公司變壞時

透過監控 ROIC，我們可以根據實際數字來快速判斷企業品質，而不是聽信故事、二手小道消息、對未來毫無意義的預測，或是最糟糕的──昨天的價格走勢！反過來說，所謂的「壞公司」，基本上已經從 WACC 的雷達上「消失」了──它們的 ROIC 很低，接近或低於 WACC；又或者更糟，其 ROIC 為負，表示根本沒有盈利[7]。

你可能會反駁說：「可是、可是，不是也有某間沒有盈利的○○公司，突然間像火箭一樣起飛嗎？用戶數出現爆炸性成長、紅遍全球，這種公司肯定總有一天會獲利吧？」嗯，也許吧⋯⋯但關於他們實際可以做什麼，需要做大量的分析才能預測，而不是只看一個冷冰冰的數字，就判斷他們現在在做什麼。

當我們開始對定義提出例外，就會陷入與像素化真相哲學相悖的無底洞：避免雜訊。是的，ROIC 目前不高的「好公司」確實存在，但我們的目標是快速篩掉真正的爛蘋果──即使在這個過程中，會不小心丟失一些尚未成熟的

機會。

將無利可圖的公司留給接盤俠

有句好話說：「別當那個被套牢的人。」（don't get caught holding the bag.）意思是，在景氣好的時候接盤是可以的，但可不要在情況變糟時，當那個被套牢的傻瓜。在股市中，所謂的情況變糟，就是所有買家都消失的時候──那些買家曾讓你相信，你所支付的價格就是你得到的價值。

對於仍處於早期成長階段的公司（那些連獲利都沒有的新公司）來說，這尤其嚴重，因為他們專注於增加營收，把盈餘完全拋在腦後。投資人相信了一些令人信服的說法，支付了過高的價格。但成長的派對終究會停止、分析師會改變預測、失望的買方會消失，慘痛的虧損則接踵而來。

事實上，ROIC 不只反映獲利能力，它同時顯示了企業創造長期價值的速度。因此，ROIC 是負的表示公司發展得越快，消耗的現金越多──這顯示出公司正在摧毀價值[8]！我們將在後面的章節中了解 ROIC 隨時間變化的趨勢，但本著快速去除爛蘋果的精神：如果這間公司不是一個明確的價值創造者，那我們可以直接把它丟進（潛在的）價值破壞者堆中。不要買入 ROIC 為負的公司，你就不會因為不賺錢的股票而被套牢，因為你壓根兒沒有碰過這檔股！

懂得進場的原因,和知道何時離場相同重要

我們做篩選的主要目的,是透過快速且準確地剔除易識別的「壞公司」(爛蘋果),降低大幅虧損的可能性,即使這可能會犧牲一些難以發現的「好公司」(還沒成熟的好蘋果)。這是本書的關鍵,因為「巨額虧損」對長期成長的損害,大於巨額獲利對我們的幫助。

從操作層面來說,這種透過「避開輸家」來「挑出贏家」的策略,不僅可以當成過濾工具,幫助我們在龐大的股市中尋找新機會,同樣重要的是——此策略可以用來整理手上的投資組合。

說要「買一支股票並永遠持有」……實在太天真了。公司是動態的,隨著員工的加入和離開、現金的流入和流出、新產品的推出和舊產品的下架,公司一直處於不斷變化的狀態。因此,只要好公司仍然是好公司,你當然可以買進抱緊,但當它從成熟變成腐爛時,就該賣出。

偉大的投資人彼得‧林區把這件事講得好像很簡單:為一間公司編一個「故事」,解釋為什麼應該買進這支股票,然後如果這個「故事」發生了變化或已經反映在股價中,就賣出股票……好,但這到底是什麼意思?

這顯然對林區來說很有用,他在13年內實現了驚人的29%年化報酬率;但是說實話,我覺得遵循他的建議就像

「買低賣高」一樣，沒有辦法實際操作。即使是以研究這些公司為生的頂尖分析師，對一家公司的「故事」和估值，也可能抱持完全不同的意見。

如果你從一開始就沒有弄清楚進場的理由，那你也永遠不會知道為什麼、什麼時候該出場。在這種時候，你會開始頻繁查看價格、覺得資訊超載、壓力過大，結果過度交易。用我們這套簡單定義，可以快速又量化地判斷一間公司何時從「好」變成「壞」，而不必讓事情變得過於複雜：**如果一間高 ROIC 的公司，其 ROIC 下降到你的門檻以下（尤其是低於 WACC），那就應該出場。**

當然，造成變動的細節多到數不完，或許 ROIC 之後會再回升——如果是這樣，那太好了！我們可以等待這間公司再次符合我們的標準，但在它證明自己之前，我們要更有效率地運用自己的資金，投入其他持續展現高品質的公司中。

請記得，追蹤 ROIC 是一場長期遊戲，我們需要花費時間，讓投入資金的種子發芽，最終在股價中反映出這些價值。好消息是，高 ROIC 的公司通常擁有長續型的競爭優勢，能夠讓 ROIC 長期保持在高水準且穩定的狀態[9]。然而，如果這些公司因為過度自滿而停滯不前，導致 ROIC 出現下降趨勢，那麼這些企業可能就會變成「爛蘋果」——也就是長期價值的破壞者，所以就算股價在短期內因某些狀態保持

高水準，也無濟於事。

我們應該將 ROIC 視為一種回饋機制，用來了解這間公司身為「把錢變成更多錢的機器」的運作情況。如果我們獲得了有意義且可量化的證據，顯示這部機器的「長期印鈔功能」墨水已耗盡或發生卡紙情況，那麼身為投資人的我們就應該採取行動。

當一間公司從「好」變「壞」時，是整個投資過程中最難的部分，因為我們不僅投入了金錢，身為有感情的靈長類，我們也不可避免地對這支股票產生了情感上的依戀。在這種時候，我們傾向幫自己買入的公司編故事，例如股價和技術指標似乎很看漲、新的經營團隊肯定會大展身手，或因為某科技小國的高額關稅，競爭對手的小工具製造商受挫，這間公司肯定能實現 10 倍成長……請認清現實，股票不會呼應你編織的故事，也不在乎任何其他人編的故事。

保持賣出的紀律，對任何一種投資策略都非常重要，我們要盡可能地避免錯失恐懼症。這個市場很大，下一個機會很快就會出現。

每季最多交易 4 次（如果真的需要的話）

為了避免資訊超載，我們要遵循 80／20 法則進行資訊節食。所謂的資訊節食，就像是剔除所有高度加工的垃圾

食物——例如新聞、雜訊和各種故事,用單純、健康的「水果」(ROIC)和「混合蔬菜」(毛利率、營收成長)來取代。我們也可以更進一步地執行「資訊斷食」,也就是不要每天都確認股價。

其實,我們只需要每一季查看1次,也就是每年4次,當財報發布時更新我們關注的關鍵數據即可[10]。

每一季只查看一次,更符合公司基本面發展的時間尺度。當然,任何一天都有可能會發生隨機、重大,對企業產生實質影響的「黑天鵝」事件,但是根據基本定義來看,這些事件是無法預測的。如果我們交易的基礎不是股價,那麼除了財務資料,沒有理由讓「市場群體思維」去分散掉我們對買賣決策的注意力。

在 CAGR 的運算中,有一個重要的啟示——非必要時,千萬別打斷「複利成長」,例如過早實現獲利而繳稅。投資策略操作的時間越長,未實現收益累積得越多,我們的長期 CAGR 就會越漂亮。短期(持有不到一年)的資本利得稅可能高達37%,而較短的長期(超過一年)資本利得稅最高則只有20%。所以更恰當的做法是,每年檢查4次,真的有必要時才交易。每季檢查後,我們手上所有「蘋果」仍然成熟香甜,那麼就遵循交易者的智慧:及早止損,繼續抱緊賺錢的股票!

▍5分鐘內建立屬於自己的篩選工具

是時候實踐所學了——現在,請將你的手伸進桶子裡,開始挑選蘋果吧!按照80／20法則理念,挑掉「爛蘋果」的過程應該快速又輕鬆,我會示範如何根據我們所學的內容,輕鬆設定一個篩選條件。

甚至,即使不查看股價,光是篩選掉表現不佳的公司,就能形成一套絕佳的投資策略。這表示,光是押注在能創造長期價值的個股上,就足以打敗市場!

但是請記住,為了打造出完整的策略,我們仍需要考慮估值;此外,「要如何以好價格進場」本身就是一門學問(可以參閱《別再買熱門股》〔*Stop Buying The Hype*〕,編按:此為本書作者截至2025年5月尚未出版的著作),可以大幅增強策略的效果。

儘管如此,本書的目的是展示一個像素化的真相:一個可以在5分鐘內設定完成的超簡單篩選條件,就幾乎能完成我們的大部分工作。最重要的是,我們可以用更少的時間得到更有價值的資訊,不會因為無關緊要的細節或對遙遠未來的無意義預測,而感到資訊超載、難以負荷。

我們需要的所有財務資料,都能從許多不同來源輕鬆取得,在網路上快速搜尋「股票篩選器」(stock screener)或「股權篩選器」(equity screener),就會出現數十種選擇。

舉例來說，我在 TIKR.com（股市研究和分析工具網站）上免費註冊了一個帳戶，使用側邊欄位的「全球篩選器」，加入 2,000 億美元以上的「最新市值」篩選器──就是所謂超級大型股類別。

接著點選加入過去 12 個月（last twelve months，簡稱 LTM）ROIC 超過 30％的條件，然後按一下「使用篩選條件」按鈕，清單在幾秒鐘內就出來了，包括蘋果（Apple，股票代號 AAPL）、微軟（Microsoft，MSFT）、威士卡（Visa，V）、萬事達卡（Mastercard，MA）、家得寶（The Home Depot，HD）、禮來（Eli Lilly，LLY）在內的 11 間公司。

那麼，市值在 100 億到 2,000 億美元之間、ROIC 高於 25％的大公司，查得出來嗎？搜尋結果有 201 檔，包括好市多（Costco，CSCO）、聯合包裹服務（UPS，UPS）、德州儀器（Texas Instruments，TXN）、奧多比（Adobe，ADBE）、菲利普莫里斯國際（Philip Morris International，PM）、高通（Qualcomm，QCOM）、康菲（ConocoPhillips，COP）、洛克希德馬丁（Lockheed Martin，LMT）、星巴克（Starbucks，SBUX）等。

這份清單涵蓋了多個產業，顯示出好公司隨處可見，遍布於科技硬體、交通、半導體、軟體、菸草、石油、國防、咖啡等各種產業中。我不是在建議你買進並持有這些股票，

而只是想說明，**設定篩選條件並不困難**，最難的步驟大概是註冊帳號吧！

不過，因為前面提到的網站 TIKR，限制了可免費查看的股票數目，那我們來看看當免費仔，還能用什麼網站。首先，前往 FinViz.com，按一下「篩選條件」，選擇「基本面」，然後把「投資報酬率」設定為＋25％，然後就出現結果了！雅虎財經（finance.yahoo.com/screener）也有類似的工具，可用「總資本報酬率％」進行篩選。

這些工具還可以篩選其他關鍵數據，例如毛利率或營收（銷售）成長，最佳化搜尋結果。但我希望你能明白我想表達的意思：**我們想要的資訊，早就已經公開存在──它們並沒有被鎖在保險庫中，不需要解碼，也不需要運用複雜的人工智慧來分析**。其實，真正的挑戰在於，如何將雜訊降到最低，只關注簡單、有意義而且可衡量的數字，其餘一率保持中立。

在這裡，我提供了 3 個選項做為參考，市面上還有很多價位不同的選項可以選擇。從前我也依賴彭博終端機，但我現在已經不再每月支付 2,300 美元接收一堆雜訊，而是使用我自己的應用程式（valueglance.com），這個應用程式以我的舊彭博終端機設定為模型，但只使用我需要的資訊去分析，並盡量簡化[11]。

舉一個例子，為了讓你更了解「簡單」的力量，我們來回測看看策略會如何執行。標普 500 指數過去 30 年的 CAGR 為 9.7％，我們就用此作為比較基準。

為了獲得高於 WACC 的良好緩衝，我們採用相對較高的「ROIC > 30％」作為條件。然後我們篩選出「ROIC > 30％」的標普 500 公司——就這麼簡單！

為了讓投資組合管理起來更簡單，我會展示每季和每年再平衡的結果[12]。這表示每一季（或每年），我們都將要投入的資金，平均分配給所有符合篩選條件的公司。假如在某一季度內，有 44 間公司符合篩選條件，那我們將對每間公司分配 2.3％的資金；如果在另一個季度，只有 5 間公司符合篩選條件，那我們就對每間公司分配 20％的資金。

其實在這次回測中，當採用季度再平衡時，投資組合的公司數量介於 5 到 44 間。名單中大多數公司在每季間保持相對穩定，只有少數公司會被剔除，同時有一些新的公司會被加入。這是因為對於這些市值較大、ROIC 較高的公司而言，ROIC 在季度與年度的範圍內，通常表現相對穩定。

右頁圖中是使用我們的篩選條件，30 年來 1 美元的成長情況；每季再平衡的結果是實線，每年再平衡是虛線，標普 500 指數則是點虛線。結果還不錯，以這個非常簡單的策略，每季再平衡一次，可帶來 14.4％的 CAGR；每年再平衡

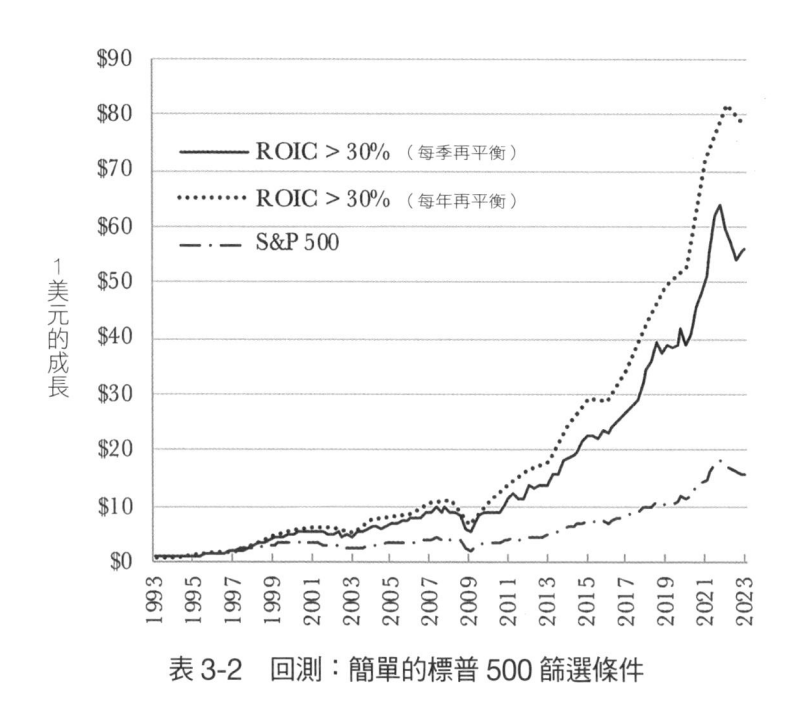

表3-2　回測：簡單的標普500篩選條件

一次,可帶來15.6%的CAGR!我們最後打敗了大盤,最終獲利是標普500的3到5倍。

即使我們將ROIC降低到25%,報酬表現也差不多,不過在30年回測中,投資組合的規模將增加到10到68間公司。如果再加入另一個篩選條件,我們可以輕鬆地將CAGR提高幾個百分點[13],但正如我們將在第五章「如何在60秒內評估一支股票」中將看到,最後的清單已經夠短了,我們可以應用下一步策略來大幅提高報酬。

為了讓大家可以更理解這個篩選條件有多麼簡單，我們將與價值投資的始祖——偉大的班傑明・葛拉漢（Benjamin Graham，也是巴菲特的導師）進行比較。以下是他給防禦性投資人的篩選條件：

1. 年營收超過 1 億美元（於現今價值約為 20 億美元），公用事業資產超過 5,000 萬美元。
2. 流動資產[i] 應至少為流動負債[ii] 的兩倍，長期債務不應超過淨流動資產（net current assets）。但對於公用事業公司來說，總債務不應超過帳面價值的兩倍。金融公司的有形普通股比率和償債能力比率，應位居各自產業的前 20%。
3. 過去 10 年的盈餘為正。
4. 過去 20 年股利發放不間斷。
5. 與 10 年前相比，最近的 3 年平均盈餘必須至少增加 33%。
6. 目前股價應低於 3 年平均盈餘的 15 倍。

---

[i] 編按：current assets，一年內有機會變現的資產，包含現金、有價證券、應收帳款、存貨等。
[ii] 編按：current liabilities，一年之內須償還的負債，包含短期借款、應付商業本票、應付帳款及票據、預收款項等。

7. 目前市價與有形帳面價值相比,應該低於 1.5,但若本益比很低,可允許較高的股價淨值比,只要本益比乘以股價淨值比的結果低於 22.5。

當然,以上每一條規則都非常合理,也反映了傳奇投資人的智慧和經驗。即使有很強的論據證明,能滿足這些標準的公司都是可以投資的「好公司」,但我們仍然很容易見樹不見林,並過度篩選。事實證明,在葛拉漢的時代,這套標準確實能有效將範圍縮小到只留下好的公司,但現在應用這個方法的成效卻變得非常有限[14]。舉例來說,篩選條件會錯過那些將獲利再投資,而沒有分紅股利給股東的公司。

因此,你可能會想稍微調整這些條件……但是要調整哪些?調整的幅度又是多少?執行這樣的篩選需要多少時間和精力?在這種時候,用 ROIC 篩選條件的速度明顯快得多,一個數字就為我們完成了大部分工作,它的簡單性正是其長久有效的關鍵。

在接下來兩章中,我們將看到如何在仍然遵循 80／20 法則的同時,顯著增加我們的報酬。因此,就算這個最簡單的篩選程式不是最終答案,它確實提供了一個例子,來說明像素化的真相:我們不需要一套複雜又耗時的策略,就能打敗大盤。

本章要點

1. 對投資人來說,最糟糕的事情就是咬到一顆爛蘋果:一間 CAGR 大幅下跌的糟糕公司。
2. ROIC 是衡量企業長期品質的最佳指標之一,我們對「好公司」的定義是,具有高於 WACC 的高 ROIC 作為緩衝。
3. 建立一套簡單且快速的篩選條件,去除容易識別的爛蘋果(壞公司),即使這表示在這段過程中,也可能扔掉一些尚未成熟的好公司。
4. 當你的蘋果(投資的公司)從成熟變成腐爛時,就要賣出:當 ROIC(和 IC)出現下降趨勢,尤其是在低於 WACC 時,就要賣掉。如果沒有下降,那就繼續持有這些賺錢的股票!

第四章

戰勝巴菲特：
以小勝大，超越投資巨人

本章從標題就提出一個大膽的主張：利用一個超級簡單的策略，超越史上最偉大的投資人——奧馬哈先知巴菲特。但我希望能藉由展示過去 30 年來的成功來證明這一點。我保證，這是一個認真的策略，不是像「在 2010 年買比特幣」這樣的投機之舉，而且，只是在我們到目前為止所做的基礎上稍微延伸。

標普 500 過去 30 年的 CAGR 為 9.7％[1]。根據回溯至 1871 年的資料，美國股市的 CAGR 為 9％，這顯示我們測試所使用的 30 年期間，很恰當地涵蓋了多個商業週期的波動——包括戰爭、經濟衰退、科技與房地產泡沫、聯準會的印鈔政策等。

截至 2023 年，巴菲特在過去 30 年的 CAGR 為 12.6％[2]。好吧，我們還是應該給予他應有的肯定！他管理的投資組合規模高達 3,000 億美元，大家都知道，管理的資金越大，要實現高報酬就越困難——然而，這正是本章的核心所在。

因此，公平來說，我們的挑戰是要超越巴菲特自 1965 年以來，在波克夏·海瑟威（Berkshire Hathaway）所實現的 20％年均報酬率。請繼續讀下去，了解這個令人難以置信的簡單策略，此策略完全符合「減少 99％努力」的理念，但又能超越這位史上最偉大投資人的 CAGR。

這裡的重點並不是要無端批評這位睿智的投資人，而是

提出一種逆向策略，即使與業界最優秀的人所教導和實踐的事背道而馳，仍能創造出色的長期結果。

巴菲特常說，如果我們每個人都有一張打洞卡，且只能選擇 20 支股票[i]，那麼我們都會成為更優秀的投資人，因為這迫使我們在決策前成為專家——這真是個明智的建議。他也說過，他會等待一個他能徹底理解的「出色企業」出現；但我們將探討的是，**如何在對企業細節完全不了解的情況下，依然實現卓越的結果。**

然而，就像巴菲特一樣，我們仍以買進一間公司的思維來考量，而不是只關注股價。不同的是，我們接受像素化的真相，並運用 80／20 法則。將企業視為一個創造價值的機器，我們就能過濾雜訊，將工作量減少 99％，而不需要成為所選股票的專家。這聽起來很像是逆向到近乎魯莽的程度，但我們將會學到，這個簡單方法的成效有充分的文獻支持，即使我們無法「全知全能」，這麼做仍能帶來極佳的報酬率，又能節省大量時間！

---

[i] 編按：巴菲特曾告訴商學院學生，當他們畢業後，要準備一張打洞卡，上面有 20 個洞。每當他們做了一個投資決定，就用掉一個洞，這就是一生所能做的所有投資決定。

小型股溢酬:蒙眼猴子的優勢

還記得前面提到的那位靈長類朋友嗎?那隻蒙眼擲飛鏢選股的猴子,在選股比賽中打敗了專業投資人。我之前就說過,現在還要再說一次:專業投資人和黑猩猩在能力上可說是惺惺相惜——那這隻猴子的祕密是什麼?事實證明,牠的祕密與其他非人類投資組合經理人的祕訣一樣。

一項研究顯示,從 1964 年到 2010 年,隨機從 1,000 支股票中每年挑選 30 支組成的投資組合,在 100 次中有 98 次,擊敗了這 1,000 間公司所構成的市值加權指數[3]。

背後的原因是所謂的「小型股溢酬」(small cap premium)。故事是這樣的:市值小的企業風險較高(因為研究的分析師較少、獲利能力低、流動性差、競爭護城河弱、更具不確定性……),因此在理論上的「效率市場」中——也就是教科書中那個無摩擦的假想表面——必須為更高的風險提供更高的報酬作為補償。

而市值加權指數的設計,導致其更大比例的權重集中在缺乏這種溢酬的大型公司上。

從數字中可以明顯看出這樣的效應:在這段時期內,市值加權指數的 CAGR 為 9.7%,但是占指數權重 40% 的 30 間最大公司,CAGR 只有 8.6%[4]。相較之下,剩下的 970 間公司(占指數權重的 60%)的 CAGR 達 10.5%。猴子的投

資組合對隨機挑選的股票進行等權重分配，因此不受市值效應的強烈影響。從長期來看，猴子才是真正的贏家！

事實上，小型股溢酬在效率市場的學術圈中早已廣為人知[5]，而且，當你將低獲利股票篩選掉時，這種效果最為顯著。這對我們而言是個好消息，因為我們的核心指標是 ROIC ——投入資本報酬率，我們自然不想被那些無利可圖的投資套牢。

我從研究理論物理學中學到的一課是：你必須了解自己的模型——這個憑空想像出來的東西——具有哪些限制，才能在一定程度上準確描述自然現象；但你永遠不該反過來告訴大自然（或市場）它該如何運作。

因此，無論小型股溢酬的原因，是來自某個可替用的近似模型（approximation），還是因為股票分析師根本沒去注意，又或是小型公司在資源有限的世界中，本來更具成長性——這些我們其實都不在意。

說到底，CAGR 就是王道：如果一個策略長期能帶來更高的報酬，那麼根據我們的定義，它的風險就愈低——這與波動性、研究的分析師人數及理論上的風險報酬完全無關。而且時間拉得越長，就越能驗證策略是否真的有用，或是會爆炸收場。因此，雖然猴子告訴我們，資訊超載一整年下來對我們的投資不利，但是從這些長期研究來看，單純偏好小

型企業本身就是一種真正的優勢。

▎借用風險創投的操作方法

仔細思考小型股溢酬的現象，我們不難得出結論：猴子擲飛鏢的極端版本就是風險創投（venture capital，簡稱VC）。風險創投押注於早期階段的公司，這些公司承擔了所有小型股的風險……甚至更多，他們會押注於還沒有獲利、收入、客戶，有時甚至連明確想法都還沒有的公司。因此，根據效率市場假說，風險創投承擔巨大的風險以換取龐大的報酬。

不過事實比這更微妙一些。我有一位朋友曾是矽谷一間知名風險投資公司的風險投資人，這些年來，他給了我許多關於經營企業和投資新創團隊的建議。有一天，他隨口提到一句關於創投業風險的評論，至今仍深植於我的腦海中。他說，雖然風險創投喜歡將自己宣傳為冒險的賭徒，站在創新的前線，活躍於改變世界之技術的「蠻荒地帶」，但其實他們是管理（並降低）風險的專家。他說，在這些光環背後，其實並沒有我們想像得那麼「高風險」。

風險創投業者都非常清楚，他們絕大多數的投資都會失敗，永遠無法帶來任何現金報酬！他們的策略並不是選擇那些成功率還不錯的公司，而是要找到那張「樂透」：100 間

公司中,能在巨大市場實現大規模成長的那一間公司,其收益將遠高於其他 99 間公司造成的虧損[6]。有時候運氣特別好,甚至會有多間成功的公司,簡直就是全壘打!

你可能覺得錯誤率高達 99%,聽起來風險很大,但真正重要的問題是:所有投資全都失敗(也就是可能破產)的機率有多大?優秀的風險創投公司透過多元化管理風險,就像任何大型共同基金會做的那樣,但這並不是根據現代投資組合理論來操作的!畢竟,這些公司甚至沒有公開交易的股票價格,因此也沒有相關性或波動性需要考慮。

次方法則的爆炸性報酬

> 「大企業很謹慎,小企業很大膽。」
>
> *"Big companies have small moves, small companies have big moves."*
>
> ——彼得・林區 PETER LYNCH

風險創投家都知道(至少是厲害的那些——這一行的績效差異很大),未來是完全無法預測的,涉及新點子和顛覆性技術時更是如此。因此,與其像股票分析師那樣深入研究一間尚未成立之企業的細節,並根據未來的獲利預測建構折現現金流模型,風險創投被迫採取另一種方法:評估團隊的

適應能力，以及如果成功後的市場總規模——因為幾乎所有其他因素，在初期都是無法預測的！

與大型共同基金不同的是，風險創投下注的成功企業，通常會帶來爆炸性的報酬——可能是 10 倍、100 倍，甚至 1,000 倍以上。

舉例來說，如果在一個包含 20 間公司的投資組合中，有一間公司歸零，對整個投資組合來說只是虧損 5％。但如果這間公司的規模爆炸性成長到原來的 10 倍，將為整個投資組合帶來 45％ 的獲利。而如果這間公司的規模成長到 40 倍，從市值 5,000 萬美元增長至 20 億美元，那麼獲利則高達 195％！

分散投資降低了下跌的風險，我們會不斷剔除爛蘋果，選擇優質公司，直到我們幸運地遇上一個具有上漲潛力的贏家。在公開市場中，這種策略是我們所能做的操作方式中，最接近風險創投的——你很難找到一間標普 500 企業，能像小型企業一樣快速成長 40 倍。

剛成立的小型企業的報酬，遵循冪律分布：失敗的案例非常多，但也有極少數案例會非常成功，帶來長尾效應[7]。相較之下，成熟階段公司則更接近我們熟悉的常態分布，也就是「鐘形曲線」[8]。

這並不是說大型企業永遠不會有大獲利，舉例來說，在

新冠疫情前,莫德納(Moderna)的市值不到 100 億美元,卻在不到兩年的時間飆升至接近 2,000 億美元!重點在於,這種情況雖然可能發生,但**在擁有較大成長空間的小型公司中更為常見**。而當這些情況出現時,成長空間幾乎是無限的──沒有人知道這樣的公司究竟能成長到多大,所以風險創投家便從這些偶然的機會中獲益。

與其嫉妒風險創投冪律式的超高報酬,我們不如思考看看,在股市中最角落的那些小型公司,是否能讓我們借用風險創投的策略。如果你遵循巴菲特的方式,閱讀所有 10-K 和 10-Q 報告(按:分別為公司的年度和季度財務報告),你的目標就是成為投資組合中公司的專家,對其商業模式瞭若指掌。對於大企業來說,這相對容易,但規模較小的企業則是另一個世界:這些公司可能在一季內達成 10 倍成長,也可能無消無息地破產。

我們可以採取一種像素化真相,來獲得兩者的優勢:

- **不同於早期風險創投**:我們可以使用一個簡單的篩選條件,透過分析獲利公司的財務資料,快速排除雜訊,淘汰爛蘋果。
- **不同於大型共同基金**:我們專注於捕捉小型股中的高成長冪律法則的機會,並透過分散投資來降低風

險,進而增加報酬。

擲飛鏢式的風險創投,無法用 ROIC 這樣的財務指標來篩選公司,而大型共同基金經理人則無法押注於微型公司（參閱後面說明）。因此,讓分析師花時間深入研究各產業,尋找下一個能報酬翻倍的公司;讓風險創投業者去花時間與創業者見面,卻搞不清楚還要多久才能開始獲利;我們則要讓「規模」為我們賺錢,透過篩選出具長期價值創造潛力的公司來大幅降低風險,對其他一切保持中立──而我們所需投入的時間和精力,幾乎可以減少 99%。

分散投資：降低風險以提升報酬

指數基金提倡廣泛市場分散投資的哲學：市場是有效率的,沒有人聰明到能夠長期擊敗市場。按照現代投資組合理論的敘述,採取「零努力」的方式、接受未來的不可知性、隨著經濟週期與大家一起起伏,並沒有什麼錯。但這並不是我們的目標！

相反地,我們利用 80／20 法則,只投入 1% 的努力,同樣接受未來不可預測的事實,挑選出好公司來超越大盤。儘管我們已經透過分散投資,大幅減少尋找公司的工作量,但仍必須承認自身的無知,尤其是在小型股市場中。

那麼巴菲特為何要投入 100% 的努力？相較之下，巴菲特的投資組合看起來極度集中：截至本書於 2023 年撰寫時，他的公開交易投資組合中，超過 80% 的資金集中在 6 間公司，且其中 40% 投資於同一間公司（蘋果）。

他認為，如果你知道如何分析和評估企業，那麼持有 30、40，甚至 50 支股票是很離譜的事，而且他建議只買進「3 間優秀的企業」。

> 「分散投資是普遍的做法，但是對於任何知道自己在做什麼的人來說，這麼做根本沒有意義。」
> *"Diversification, as practiced generally, makes very little sense for anyone that knows what they are doing."*
> ——華倫・巴菲特 WARREN BUFFETT

那麼，既然我們都知道現代投資組合理論（以波動率為基礎的風險與報酬權衡）早該被拋棄，為什麼我們還是回過頭來談分散投資——這個經常被當作笑話的東西？其實，不需要深入理解數學理論也能知道，分散投資並不是非黑即白、非此即彼、好或壞的選擇；分散投資有很多不同層次。

其中一個極端是 YOLO，「人生只有一次」的賭注，孤注一擲押寶在一支股票上[9]；另一端是全市場指數——極端

的「惡性分散」（di-worsification）。在這兩者之間有一個理想的中間地帶[10]，提供最高的 CAGR，並使最多數人受益——這表示減少發生重大損失的可能性，也就是我們真正想要避免的風險，而不是讓每個人都獲得同樣的市場結果，或是少數人抱著人生只有一次的賭徒心態僥倖成功，而其他人破產收場。

風險創投的策略清楚顯示了良好分散投資的好處，而不會陷入「惡性分散」的陷阱。典型的風險創投基金，通常在其投資組合中持有 20 到 40 間公司，但結果顯示，這樣的分散程度還不夠充分[11]。想要得到風險創投中的極端冪律分布報酬，基金應該考慮持有 50、100 甚至 200 間公司，甚至更多！一項研究模擬持有 15 間公司與 500 間公司（持有 500 支股票真的非常多）的股票投資組合，結果顯示，即使分散投資將報酬範圍縮小，卻將平均[12]報酬從 CAGR 10％提升到了 13.5％——這才是正確的分散投資方式。

那麼，介於巴菲特的 6 支股票，與風險創投的 500 支股票這兩個極端之間，對小型股策略來說，投資幾支股票的效果最好？說實話，我沒有絕對的答案——這是一個存在已久的問題，而答案則因人、因時而異。**但是如果巴菲特認為 30 間公司太多，而文獻顯示 30 間公司又太少**[13]，**那麼這個數字正好可以當作小型股策略的參考值**[14]。

此外，要記住我們分散投資並不是為了數量。我們首先使用「爛蘋果篩選條件」（例如 ROIC 和毛利率）剔除不佳的公司，然後根據風險創投的策略，在這些「優質」公司之間進行分散投資，以追求小企業帶來的大報酬。所以重點在於，**小型股分散投資（優質公司），透過降低風險來達到報酬最大化**。這讓我們能夠審慎地買進市值較低的公司，而不需要深入了解每一家公司中的每個細節。

底層有廣闊的空間

大公司會吸引所有注意力

在資產管理業工作時，還記得我曾參加過一場關於人工智慧未來的會議。所有的投資組合經理人和分析師都聚集在一起，試圖了解 AI 技術對我們投資的潛在影響（可想而知我當時的感受，因為我知道像素化真相以及對未來的預測……）。每當有人提出問題，答案最終都圍繞著微軟和谷歌（Google）這兩家科技巨擘。

那是當然的！我們天生就容易陷入這種思維模式，將注意力集中在那些主導市場、制定規則的大公司上。我們討論了人工智慧對於醫療保健巨頭、能源巨頭、消費性耐用品巨頭等的影響。但是全世界有那麼多小公司，正在抓住新科技

帶來的機遇，但它們在這些會議上永遠不會被人提出來；要一直到5年或10年後，這些小公司成為新的巨頭時才會引起關注！

我參加過無數場會議，聽分析師詳細解釋全球最大企業的情況，包括它們重組國際供應鏈、最新併購募集了多少債務、實施庫藏股的數量——甚至是財務長在最新法說會上的語氣！如果這些分析師無法記住現金流量表上每一行的小數點最後一位，他們的飯碗就可能不保。他們的職責是成為所屬領域公司的專家，負責預測未來，以幫助投資組合經理人感覺自己做了明智的決策。

看到分析師將他們百科全書般的腦袋運用到工作中，確實令人驚嘆，但其實他們就和我們一樣，對無用資訊的處理能力是有限的。因此，他們會進行優先排序：如果有一位科技分析師不知道微軟雲端業務的最新動向，就會被視為完全不稱職；同樣的，如果有一位能源分析師，對埃克森美孚的最新石油勘探計畫一無所知，也會顯得極其無知。因此，分析師的注意力固然會集中在最大的公司上——他們用80%的時間，來研究20%最大規模的公司（也就是說，他們花50%的時間用來研究1%的公司）。

看看一些最大的大型成長型基金的前幾持股（截至撰寫本書時）：

- **先鋒成長指數投資人（VIGRX）**

  蘋果、微軟、亞馬遜（Amazon，AMZN）、字母公司 A（Alphabet Inc. Class A，GOOGL）、特斯拉（Tesla，TSLA）、Meta、輝達（Nvidia，NVDA）、威士卡

- **富達反向（FCNTX）**

  波克夏、Meta、亞馬遜、微軟、聯合健康集團（UnitedHealth Group，UNH）、蘋果、字母公司 A

- **T. Rowe Price 績優股成長（TRBCX）**

  微軟、亞馬遜、谷歌、蘋果、Meta、特斯拉、輝達

- **MFS 成長 B（MEGBX）**

  微軟、亞馬遜、字母公司 A、蘋果、萬事達卡、奧多比、威士卡、Meta、PayPal（PYPL）、輝達

- **摩根大通大盤成長股 1（SEEGX）**

  蘋果、微軟、字母公司 A、艾伯維（AbbVie，ABBV）、迪爾公司（Deere & Company，DE）、超微半導體（Advanced Micro Devices，AMD）、PayPal、輝達

- **CREF 成長 R1（QCGRRX）**

  微軟、亞馬遜、蘋果、字母公司 A、特斯拉、PayPal、威士卡、萬事達卡、好市多（Costco，COST）

- **哈柏資本成長機構（HACAX）**

  特斯拉、亞馬遜、蘋果、微軟、輝達、Shopify（SHOP）、Meta、字母公司 A、萬事達卡

- **富達麥哲倫（FMAGX）**

  蘋果、微軟、亞馬遜、META、字母公司 A、聯合健康集團、輝達、標準普爾全球（S&P Global Inc.，SPGI）、威士卡

　　你有注意到任何相似之處嗎？沒錯，這些大型基金都屬於同一個成長類別，而且受規模限制……但是拜託你們！搞什麼？不同公司的基金經理人拿著我們的錢，去買蘋果、亞馬遜、谷歌、Meta、微軟、輝達、特斯拉和威士卡等巨頭的股票，稍微調整投資組合比例，然後收取管理費——不過，這是另一個話題了。

　　重點是，大量資金集中投資於同樣那幾間大企業，表示放在規模較小公司上的注意力較少。

第四章｜戰勝巴菲特：以小勝大，超越投資巨人　97

把 50％的時間花在研究那 1％的最大公司上，或是事後告訴我某間△△大公司很棒，對我來說一樣是事後諸葛──我想在△△公司變得熱門之前就買進！為什麼等到 Nike 已經成為一間大公司時，才告訴我？它成長最快速的階段，早已經是幾十年前的事了。

　　舉例來說，Nike 的股價最快成長的階段，出現在公司市值僅為 2.5 億美元時。即使到了 1991 年，市值達到 35 億美元，Nike 在接下來的 6 年仍然以 32％的 CAGR 成長，且 ROIC 從未低於 15％；聯合健康集團的爆發性成長起步於市值不到 1 億美元時，即使等到 1991 年市值達到 10 億美元，公司在接下來 4 年內仍以 48％的 CAGR 成長，不過 ROIC 從 24％下降到 15％。

　　思科（Cisco，CSCO）則是從市值 3 億美元時開始耀眼地崛起，並在科技泡沫高峰期達到超過 5,000 億美元的市值。如果在 1993 年市值 7 億美元時進場，7 年內可以實現 70％的 CAGR（驚人！），而這段期間的 ROIC 卻從 46％逐漸下降到 15％[15]。

　　現在這些公司已經成為巨無霸，擁有大量分析師為其設定目標價。但我比較想在公司高速成長的「精彩部分」搭上這輛雲霄飛車，而不是一直等到公司開始挑戰成長極限時才上車。

為什麼小（型股）即是美

有充分的證據顯示，標普 500 指數成分股公司的平均壽命正在縮短。1970 年代，公司的平均存續時間大約是 30 年，而現在已經降至 20 年以下，且還在下降中[16]。這些巨頭最後可能被收購、合併或破產。雖然有些老牌公司存活下來（如寶僑〔P&G〕、可口可樂〔Coca Cola〕、奇異電器〔General Electric〕），但新的公司（如谷歌、輝達、特斯拉）則在規模和聲勢上占據了主導地位。沒有人知道這些新巨頭的未來會如何——等你讀到這本書時，名單可能已經完全洗牌了。

無論原因為何，我們都知道成長是一個自然的過程——從人類到城市，從文明到更廣的範疇，無一不是。我們在嬰兒時期會快速成長，在成年後則會進入平穩期，轉而以維持（繁衍）的模式為主，直到最後我們也會被收購、合併，或走向衰亡。

股市由企業組成，而企業整體則處於持續變動的狀態：總是有一些企業在成長、維持、萎縮，就如同市場中的泡沫總是在膨脹、縮小或破裂。我們的策略正是因這些成長的空間而受益，因為對於高 ROIC 的公司來說，將資金再投資於自身、讓「賺錢機器」持續運作，一直是個明智的決策。

市值可以依規模分為以下幾類：

- 超大型股＝ 2,000 億美元以上。
- 大型股＝ 100 到 2,000 億美元。
- 中型股＝ 20 億到 100 億美元。
- 小型股＝ 3 億到 20 億美元。
- 微型股＝ 5,000 萬到 3 億美元。
- 奈米股＝ 5,000 萬美元以下。

當一間公司從一個層級跨越到另一個層級時，並不會獲頒獎盃，但這種分類確實能夠讓我們感受到，上市公司在不同規模的差異。而隨著規模縮小，我們的優勢會變得更強。以下是幾項優勢：

1. 更多股票、更少關注：小型公司數量多於大型公司，但要對這些公司的商業模式全都進行深入研究，幾乎是不可能的。而資訊超載正是篩選工具發揮威力的地方！關注的人越少，市場上更容易出現無效率（inefficiencies）[i] 的情況，這也代表我們能找到更多潛在機會。

2. 成長空間很大：就像魔術師從高帽裡拉出兔子一樣，

---

[i] 編按：市場價格受到投資者非理性情緒和行為偏差的影響。

兔子越大隻，這個戲法就越困難。同樣的，大型公司也很難維持高成長率。公司必須創造足夠規模的利潤，才能對整體市值產生明顯影響──否則，從一頂巨大的帽子裡拉出一隻小兔子，沒什麼好驚豔的。

較小的公司可以在其利基市場中占據主導地位，同時也擁有更多擴展的機會（儘管競爭者也更多）。透過篩選掉大市值的股票，我們更可能找到尚未飽和市場的企業，或能夠在新市場中買入較容易獲利的公司。這讓我們在營收開始進入指數式「平緩期」前（請參閱下一章有關營收趨勢的內容），能夠充分利用高 ROIC。

3. 小一點更靈活：大企業必須處理更大的問題，而且常受到與公司基本面無關的因素強烈影響。當然，小企業同樣必須面對聯準會利率和通膨等總體經濟問題，但對於一間靈活的小市值企業來說，能更專注於改進系統與業務建設。大企業雖然擁有規模經濟和身為池裡「最大尾」的優勢，但整體而言，小企業在應對意外事件時通常更具韌性、更穩健，甚至能展現出所謂的「反脆弱」。

4. 大資金無法投入小型股：一個管理規模達千億美元的基金，無法在小型公司上投入夠多的部位。大資金只能在

有限的大型市值公司範圍內調整持股比例,而身為散戶,我們具有更多靈活性。善用「小魚游小池」的優勢,從中找到機會!

因此,結合更多資訊(資訊超載有利於我們的篩選工具)、更多市場無效率(帶來更好的機會),以及更多成長空間(讓贏家有發揮的空間),使小型股市場成為一個充滿活力的投資領域。這個領域充滿了未知和探索的空間,我們必須從一開始就接受一個像素化的真相:我們無法掌握一切,也無法預測,但我們可以快速過濾雜訊。

回測小型企業篩選條件

現在,該來看看小市值企業有什麼特別之處了!為了最大化我們這個簡單「打敗巴菲特」篩選條件的效果,讓我們直接縮小至「奈米級」,選擇市值低於 5,000 萬美元的公司──這些公司的執行長發的推文並不會上新聞,公司也並非家喻戶曉。我們同時篩選市值高於 1,000 萬美元的公司,因為低於這個界限的企業比較處於「資訊匱乏」而非「資訊超載」的世界中。

在這個範例中,我們限制篩選對象為美國企業,因為這樣能獲得較可靠的數字,而且這些股票能透過知名券商進行

交易。我們採用 ROIC 大於 30％的高標準,並要求毛利率大於 40％,這是衡量企業是否擁有強大競爭壁壘的一個良好指標。篩選條件大致如下:

- 是美國企業。
- 1,000 萬美元＜市值＜ 5,000 萬美元。
- ROIC ＞ 30％。
- 毛利率＞ 40％。

以上條件的確非常簡單⋯⋯但是成效如何?在 30 年的回測中,CAGR 達到了 30.5％——比我們的「巴菲特標竿」高出整整 10 個百分點!假如從 30 年前開始投資,1 美元將會變成近 3,000 美元——這是標普 500 指數報酬率的 180 倍以上!

最糟的一季報酬率是負 35％,但也有幾季的報酬率超過 100％!雖然波動性很高,但這是向上波動的高收益型波動——與傳統的風險與報酬權衡相反。這種篩選方法並未創造一個特別分散的投資組合(平均只持有約 7 支個股),但清楚顯示了奈米級公司市場的爆發性成長潛力。

本次回測包含每季再平衡(將每間公司等權重配置),但這麼做通常會在賺錢的公司剛剛起飛時「剪掉它們的翅

本金1美元的成長

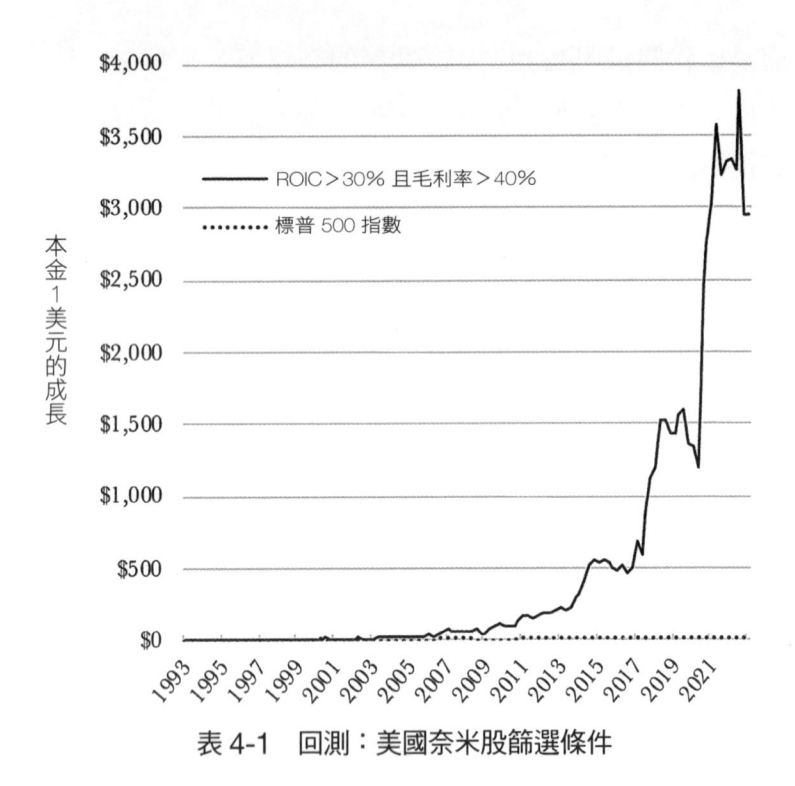

- ROIC＞30％ 且毛利率＞40％
- ‥‥‥‥ 標普 500 指數

表 4-1　回測：美國奈米股篩選條件

勝」。再平衡可以防止投資組合在一段時間後變得過度集中，保持分散化，但真正讓我們受益最多的是那些爆發性的上漲機會。這與風險創投的策略並無不同：當十之八九的公司會倒閉時，你就會緊抓住那個勝利者！

同樣的，設定 5,000 萬美元市值的上限，表示我們會賣掉那些從「奈米股」成長到「微型股」的公司。因此，另一

種改進策略是讓賺錢的個股持續成長，或只是部分減持、而非完全賣出，以提升整體策略效果[17]。這種方法能讓我們更長時間、更大規模地持有賺錢的個股，同時利用「奈米股」篩選條件，在最小規模市場中尋找新的機會。

記錄你的收益：用對數刻度繪圖觀察複利成長

我們本來就該對任何回測結果保持懷疑態度，確保結果不是被「精挑細選」過的（無論是有意還是無意）。雖然我已對多種組合進行回測，並發現了類似的結果，但你可能認為我只是「運氣好」，因為最近幾年幾支很賺錢的個股，而讓最終結果看起來很出色。但可不要被複利成長的指數數學欺騙了！

正如我們在下一章討論趨勢時會提到的，回測最後幾年的大幅跳升，可能真的是運氣好——這正是我們希望的結果；但如果繪製正確的圖表，我們會發現整個 30 年回測期間，我們其實一直都很幸運。我們在近幾年看到的偏差，其實只是圖表比例尺造成的錯覺，因為我們的策略是隨著時間在進行複利成長。

如果我們再次繪製相同的資料（請參閱下頁圖），但將縱軸改為對數刻度（log scale），這種壓縮大數字的方法，可以完整展現複利成長的威力。在對數圖上，一條筆直的線

表 4-2　回測：美國奈米股篩選條件

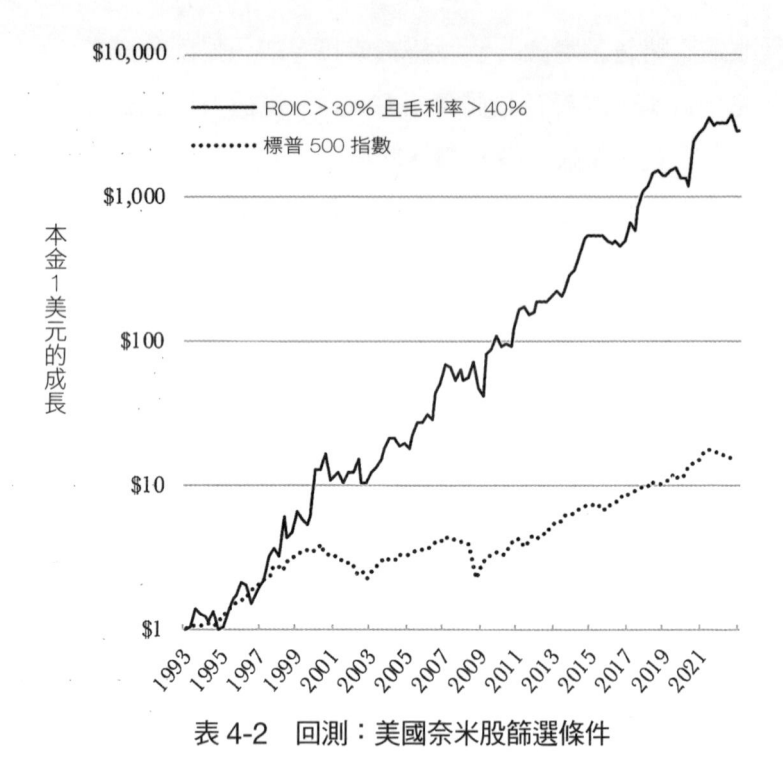

就代表著指數型成長；而在這張圖表上，除了長期投資不可避免的起伏之外，這個策略在 30 年內的趨勢幾乎是一條直線！這期間涵蓋了 120 個不同的交易機會，經歷了衰退、戰爭、多頭市場、空頭市場、資產泡沫的膨脹與破裂。能在這些階段中保持穩定的複利成長率，顯示這不是一次性的樂透彩券，而是一個真實有效的策略。

在小型市值中應用我們的「爛蘋果篩選條件」（也就是高 ROIC 支持長期價值創造，加上穩固的毛利率建構護城河），提供了一個簡單的策略，便能打敗市場和巨頭，更好的是——甚至不需要盯盤看股價！

等等，這麼好的東西，其中是不是有什麼陷阱？嗯……答案與大資金無法使用這種策略的原因相同：一個 10 萬美元的投資組合，經過 30 年後將成長到 3 億美元——這比我們所投資公司的規模還要大！流動性問題（參閱下文）會隨著基金規模成長而變得更加棘手，但這正好為擁有小規模資金的散戶投資人提供了機會。

身為小魚的我們可以選擇不要進入大池子——因此，讓我們充分利用小池子的優勢！和我一起唱吧：「這真是個小（型股的）世界～」[i]

▍天下沒有白吃的午餐：
在投資小型股前考量取捨

借用風險創投的策略，我們學到了：透過適度分散投資並結合具爆發性的冪律報酬結構，可以降低風險並提升報酬。不過，這項策略的代價，是要承擔頻繁交易那些價格劇

---

[i] 編按：引自迪士尼歌曲〈小小世界〉（It's A Small World）。

烈波動、又很難買賣的股票所帶來的成本。

當市場上的流通股數較少時，稍有買壓就可能使股價大幅波動——如同坐上雲霄飛車一樣。而尋找機會的交易者更容易操控這類股票的價格。流動性不足的代價與相對較大的買賣差價（bid-ask spread）有關，以及低成交量的交易股數。這在買進和賣出時都會帶來困難，特別是在沒有買方的情況下試圖賣出時，可能會經歷相當痛苦的過程。檢視股票的日均成交量，有助於了解訂單可能如何被執行[18]。

雖然我們喜歡讓賺錢的股票繼續成長，但對於任何股票決策來說，遵守你自己的退場策略非常重要。不管這是一個簡單的定義（例如當 ROIC 低於 WACC 時，就是「果實已經熟透變爛」），還是一個更複雜的標準，退出策略都必須清晰明確。

小型企業無論在價格還是基本面上，都可能出現大幅變動，因此這可能表示在一季後就需要進場或出場——這會導致更多交易、更高的資本利得稅，而且如果不謹慎，還可能因交易成本而遭受重大損失。正如預期，這些問題在「奈米股」中最嚴重，隨著進入「微型股」和「小型股」範圍，這些問題就會越來越不明顯。

永遠不要忘記，股票代表的是企業所有權的比例——一間將投入的資源轉化為更高價值產出的企業……至少目標

是這樣。

這一點值得我們一再提醒自己，因為一旦我們將投資範圍縮小到奈米級的領域，整個市場就像進入了另一個世界：價格波動幅度大得荒謬，有些股票的價格甚至小於 1 分錢。

奈米級個股並未在集中（centralized）的紐約證交所（NYSE）或那斯達克（NASDAQ）上市，而是透過券商網路進行「場外交易」（Over The Counter，簡稱 OTC）。這類市場伴隨著不同程度的風險，例如文件申報要求有限，這就增加了作假、拉高出貨（pump and dump）[i] 以及資訊不可靠的可能性。任何規模的公司都可能出現作假行為，但是當規則較為寬鬆時，我們就需要特別小心。

你可以透過 OTC Markets 官網（www.otcmarkets.com）查詢這些股票代碼，以取得更多資訊，但通常這些資訊並不多──這對分析師來說簡直是場噩夢。針對 OTC 市場交易，不同券商之間有一些細微的差異，但這些差異通常對當沖交易者的影響更大。像 TD Ameritrade、盈透證券（IBKR）、富達和嘉信理財（Charles Schwab）這些知名券商可以進行場外交易，但某些情況下會有限制，例如當公司未提交最新的財報時（OTC Markets 官網上會用紅色的停止

---

[i] 編按：人工推高金融資產價格，隨後在其價值達到峰值後迅速拋售。

標誌〔STOP〕顯示）。

投資小型股所需的心態轉變

　　如果股價波動、作假、操控和流動性不足,還不足以讓你卻步,那麼投資小型股仍需要一種心態上的轉變。**我們需要從巴菲特式的「全盤了解」方法,轉向風險創投式的「全面篩選」方法。**這種轉變在資訊超載的世界中,可能會讓人不安,因為我們的眼睛無時無刻都在上百個螢幕上吸收著新聞、故事和雜訊。

　　我們選中的大多數公司,最終都會變成「糟糕的公司」,並從我們的篩選條件中被剔除。只要時間夠長,這是任何規模的公司都一定會發生的事:正如重力定律一樣,會向上的東西最後也會往下(或是被收購或清算)。不過,市值越小,這個過程就發生得越快。這個策略的核心假設是,那些高 ROIC 的公司能夠在夠長的時間內績效偏高,使其價值創造能反映在股價中,然後才最終「變爛」。我們必須接受這樣的預期:只有極少數公司能夠「躍升至大聯盟」,成為大型公司,即便如此,我們仍須竭盡全力去剔除那些「爛蘋果」。

　　投資這些公司並不像是買入我們天天見到的大品牌,或經常出現在新聞中的知名企業那般光鮮亮麗,但這正是像素

化真相的自然延伸：**我們的目標從來就不是成為這些企業的專家。**

我們遵循 80／20 法則，將精力集中於快速剔除爛蘋果，同時接受一項事實：放大一個像素，並不能提供有意義的資訊且足以預測未來——尤其是針對那些市場效率低的小公司。不過，如果你寧願向巴菲特尋求選股建議，而不是找蒙眼擲飛鏢的猴子，也不會有人批評你。

💡 本章要點

1. 風險創投操作心法:針對極端的報酬(爆炸性成長與大幅下跌),適度的分散投資,可以透過降低風險來提升報酬——無須取捨。
2. 小型股的機會非常大:來自大資金的競爭較少,且有更大的成長空間,小型股具有潛在的優勢。
3. 如果你能忍受波動性(不是「風險」),那麼小型股的溢酬將提供兩全其美的優勢:矽谷式的高成長,以及華爾街式的價值創造的可量化指標。
4. 天下沒有白吃的午餐:在投資於最小規模的市場時,須謹慎考慮取捨,例如流動性不足與資訊不可靠等問題。

第五章

如何在 60 秒內
評估一支股票

假如你的朋友問：「你覺得這間公司怎麼樣？」他打算買進這支股票，所以想知道你的看法，你會如何回應？

除非你前一天剛好研究過這間公司的損益表，否則你可能會跟其他人一樣，透過一個非常直覺性的經驗回答：我用過他們的產品／軟體／服務，感覺非常喜歡／非常討厭！如果這間公司最近上過新聞，你可能會提到：他們似乎在擴展業務，或是：他們是不是剛裁掉一大批員工？你或許也會查看這支股票最近的價格走勢——上一週、過去 3 個月、過去 5 年——試圖從中找出一些模式來形成你的看法[1]。又或者，你可能會請朋友明天再來問你，因為你需要一天的時間，仔細讀一讀多年來的財務報表和財報法說會文字紀錄，才能給出有根據的意見。

本章的目的是要進一步延伸像素化的真相，並學會如何在 60 秒內評估一支股票。這聽起來可能很蠢……60 秒的時間，連讀完公司的維基百科頁面都不夠了，更不用說理解其業務模式的複雜性！

但我們的目標並不是死盯著模糊的像素，直到得出結論為止。我們已經見識過 80 ／ 20 法則的威力，知道透過一個關鍵數字，就能判斷一支股票是不是「爛蘋果」，因此，我們也可以用類似的方式，快速形成對一間公司的大致觀點，這並不令人意外。透過這種 60 秒的評估，我們可以判斷這

支股票是否符合我們的投資策略,並能向朋友提供一些有用的想法和關鍵問題,以幫助他們進一步研究。

▌股票「完整病歷」的關鍵資料

你是醫生,公司是你的病患

公司就像人類一樣,也遵循著自然的成長週期:年輕且充滿活力的新創公司準備大展身手;隨著成長並累積經驗,公司會找到一個有生產力的利基市場,通常能為社會創造價值;而隨著時間流逝,公司變得年長、緩慢且缺乏適應能力,最終就可能「退出市場」。

我們可以把自己想像成醫生,試圖判斷病人(公司)的整體健康狀況。我們無法整天追蹤病人的一舉一動,記錄每一卡路里的進出、監控可能降低經營效率的「消化不良」,或是登錄每一次盈餘的變動。我們只能偶爾進行一次「檢查」——一場完整的身體檢查——藉此更新對公司情況的了解,以及是否自上次看診以來,發生了重要變化。

然而,如果我們想了解病人的整體健康狀況,就必須看病患的完整病歷,而非只是依賴上一季的「卡路里流量表」。完整的病歷代表在整間公司的生命週期中,其關鍵資訊的快照,幫助我們捕捉長期趨勢,進而更全面地評估公司

的健康狀況。

我們無法用過去的趨勢來預測未來,因為未來會受無法控制的外部因素,以及公司如何選擇分配其「卡路里」所影響。但透過一份完整歷史的快照,我們可以更了解是哪些因素塑造了這間公司,以及公司如何應對挑戰才走到今天的位置。因此,就算我們無法準確預測這間公司在 1 年、3 年或 5 年後的健康狀況,我們仍可以大致判斷其業務對未知未來的韌性如何。

超越昨日的荒謬新聞、雜訊與敘事

我剛開始在金融業工作時,投資組合經理人要求我研究一支符合基金策略的股票。他事先提醒我:光是了解一家公司的業務模式就很困難了。

不論是有意還是無意,許多公司總能設法掩蓋他們實際的運作方式,以及他們如何真正賺錢。要弄清楚這些,往往需要出人意料的分析與解讀。就連巴菲特都說,他偏好簡單、易於理解的業務模式——他寧願跨過 1 英尺高的橫桿,也不想努力跳過 7 英尺高的障礙。

如果你想透過挖掘公司新聞,來學到關於業務的核心資訊,你多半會失望。大部分新聞只是空洞的內容,比如「營收成長 9.8%,低於分析師預期的 10%」,這些資訊在網路

上就能輕易找到，甚至是由電腦自動報導。看到我對這些雜訊的挫敗感後，我的導師建議：「如果你真的想了解一間公司，就去讀 10-K 和 10-Q 文件吧。」

在這些文件中，公司會去掉模稜兩可的說法，清楚列出他們擔憂的風險因素。一些投資人根本不願意閱讀這些文件，因為怕自己嚇得不敢投資這間公司！這聽起來像是一個很棒的捷徑，可以避開那些無聊又吵鬧的新聞；但在細讀這些文件後，我意識到自己只是放大看了一塊模糊的像素。精確的資訊可以讓你成為相關業務的專家，但這並不表示你能對未來做出準確的預測。儘管如此，這些文件中仍包含關於「病患」的關鍵資訊。

要拼湊出公司的「完整病歷」快照，我們需要考慮自己所吸收的資訊，以及吸收這些資訊的方式。**第一個「資訊吸收策略」，是擴大時間尺度，讓每個數據點都能發揮作用。**這表示我們不再每天查看股價，這也是為什麼這個策略在一年內，只在病患每季度的「體檢」後（假如必要）交易 4 次——我們要忽略股價數字、無意義的新聞和分析師的敘事等日常雜訊。

雖然不可預測的事件可能在任何時候發生，但大多數情況下，只有在每季財報公布時，我們才能真正學到關於公司健康狀況的資訊，特別是公司是否能成功應對不可預測的挑

戰（例如擁有穩健的系統和強大的護城河）。過於精細地檢視細節，會讓你變成股市床墊（stock market futon）——這種人會根據長期基本面進行短期交易，最終導致兩頭空！

即使過濾掉每分鐘、每小時、每天、每週甚至每月的雜訊，季度和年度資訊仍然會有波動，但我們開始放大視野，觀察像素如何拼接在一起。

第二個「資訊吸收策略」是盡可能保持不可知和懷疑的態度。我們希望在病患的關鍵資訊中看到長期模式和趨勢，但不想根據像素所提供的資訊以外的內容建構敘事。沒有人能真正知道下一季、下一年，甚至未來 10 年會如何變化。

我們可能會注意到快照中的某些模式，例如當 A 執行長離職、B 執行長接任時的變化；當貿易戰引發與基本面脫節的恐慌時；或當分析師大肆吹捧的新產品最終推出卻慘遇失敗時⋯⋯但是對我們的像素化策略來說，這些並不重要。我們並不在乎公司歷史為何以那種方式展開，因為在一個複雜系統中，嘗試理解「為什麼」是非常困難的。

敘事無法被科學驗證，而我們也不需要對每件事都有意見。電視上的名嘴可能會說某支股票即將崩盤，因為客戶不滿、商業模式無法擴展、經營團隊一團糟⋯⋯我們要過濾掉這些充滿恐懼的雜訊！

當那些名嘴突然改口，說公司的成長勢不可當、競爭對

手將被徹底擊垮、股價將一飛沖天⋯⋯我們也要過濾掉這些由貪婪驅動的雜訊！

讓數字自己來告訴我們，這顆蘋果是否已經腐爛。公司可能非常聰明、有創意，甚至夠幸運，在不可預測的事件中恰到好處地轉型；公司也可能對獲利「過敏」，在免利息的資金枯竭時遭到重創。因此，我們不需要在乎數字為什麼變化，我們只需要關心數字是否變化！

這正是像素化真相的核心：只吸收所需的最少量資訊。

哪裡可以找到正確的歷史股票資料

我們不需要最新的執行長推文、分析師評等，或是公司宣稱一切順利的新聞稿（公司總會這麼說）。我們也不需要為昂貴的平臺（如彭博終端機）支付高額的費用，導致資訊超載。有許多價格低廉甚至免費的工具，可以提供我們所需的公司病患的關鍵資訊。正如在「如何過濾不佳的公司」一章中所討論的，我們的策略只需要少量的數字：ROIC、WACC、投入資本、營收和毛利率。這些資料都可以從財務報表中獲得。

為了建構完整的「病歷」，我們需要每一季報表變化的長期資訊。最困難的部分是蒐集這些資料，如果你有一些程式設計經驗，市面上有許多應用程式介面（API），可按你

的需求取出資料。

如果你只想要一個能幫你完成資料蒐集和線圖繪製的工具,可以參考最後一章(「接下來該做什麼」部分),介紹我們為這個策略專門開發的工具 ValueGlance。

但我想強調一點:**這些資訊都可以透過簡單的搜尋免費獲得**。以下列出一些可以用來搜尋歷史基本股票資料的來源,滿足你的資訊需求:

美國證券交易委員會工具:EDGAR
- 網址:sec.gov/edgar/searchedgar/companysearch。
- 包含所有向美國政府公開申報的檔案,例如 10-K 和 10-Q。
- 擁有我們需要的所有資料,但需要花費最多的精力來處理。

近期基本面資料
- Finviz。
- TIKR。
- 雅虎財經(Yahoo Finance)。
- 谷歌財經(Google Finance)。
- GraphFundamentals。

- 市場觀察（MarketWatch）。
- Seeking Alpha。
- 晨星（Morningstar）。
- 交易觀點（TradingView）。

財經資料應用程式介面（API）
- EOD Historical Data。
- Polygon。
- Twelve Data。
- Finage。
- Intrinio。

倒數計時：60 秒股票評估

掌握股票完整病歷的關鍵資訊後，我們就可以繪製長期趨勢圖，進行評估。接下來是有趣的部分：設定一個 60 秒的計時器。我已將解讀歷史快照的過程分解成幾個 10 秒的小階段。接下來，我將為你示範如何執行，使用某間「神祕公司」的真實數據，該公司的真名將在本章最後揭曉。

倒數 60 秒：繪製 ROIC 和 WACC

計時器設定了 60 秒，開始！我們從最重要的品質指標

開始，繪製 ROIC 和 WACC 的趨勢圖。該圖包含公司的完整歷史，每個資料點代表一季的數字[2]。我們希望看到高且穩定的 ROIC，並且明顯高於 WACC，這顯示公司擁有「品質護城河」，能透過高報酬率的再投資，抵禦高利率的影響（見下頁圖）。

仔細觀察這間神祕公司，我們發現 1991 年至 2023 年的 ROIC 資料波動範圍很大，最低為 8%，最高接近 50%。期間有幾次 ROIC 低於 WACC 的交叉點，還有一些接近交叉的情況；但即使對這間公司一無所知，也可以合理判斷，這是一間整體而言品質很高的公司。如果我們使用 ROIC 篩選策略，例如在 ROIC 超過 20% 時買進、低於 20% 時賣出，那麼我們大致[3]會進行以下交易：

回測：ROIC > 20%的交易紀錄
- 買進：1991 年 6 月，賣出：2000 年 9 月。
- 買進：2006 年 6 月，賣出：2013 年 3 月。
- 買進：2013 年 9 月，賣出：2014 年 12 月。
- 買進：2019 年 9 月，持有至 2023 年 3 月。

也就是說，按照我們這個非常簡單的篩選條件，過去三十幾年來我們會這樣交易這支個股。回顧過去，即使是

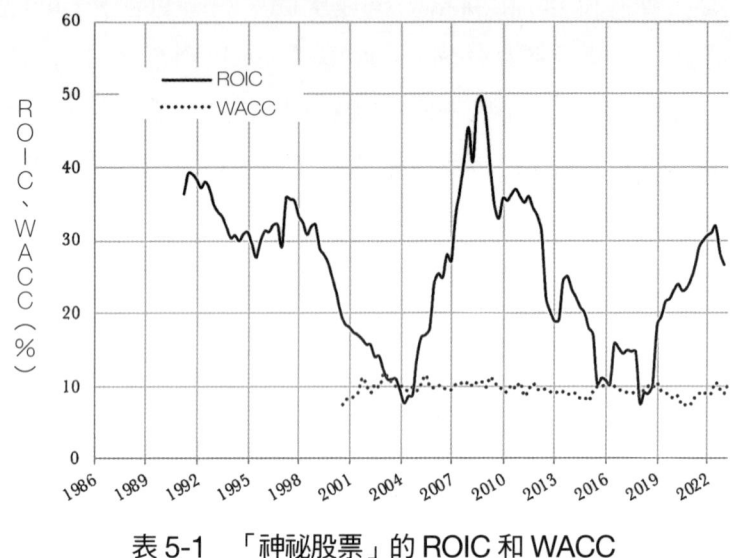

表 5-1 「神祕股票」的 ROIC 和 WACC

2013 年至 2014 年 ROIC 短暫回落的情況，我們實際持有該股的時間仍超過一年。以這麼長的期間來看，這種篩選和交易方法確實是一種真正的長期投資策略。

不過，我們一定要小心短期波動！雖然這對這支神祕股票影響不大，但當你開始分析其他資料快照時，一定會遇到短期異常。表面上看來，ROIC 是一個重要的數字，用來描述公司這臺賺錢機器的運作情況。但不要忘了，ROIC 是兩個數字的比率：稅後淨利（NOPAT）除以投入資本（IC）。如果其中一個數字發生巨大變化，那麼 ROIC 可能會劇烈波

動,突然急劇上升或下跌。

這種情況在大宗商品類公司中特別常見,尤其當毛利率較低的時候。舉例來說,ROIC 突然大幅跳升,而非多季內平穩上升,可能表示公司因其產品供應短缺而走運一次。營收、毛利率和獲利都出現飆升(即使投入資金維持不變),看起來公司的品質突然變得非常好,但這種情況可能無法持續下去。

之前我們將這種情況比喻為中了樂透,但中樂透的人不知道如何管理自己的財富,結果把錢揮霍一空。有些公司可能有能力適應這種「意外之財」,但這通常需要公司在營運系統上做出重大的改變。

雖然這麼做可能會過度解讀線圖,但假如 ROIC 出現高幅度、不連續的跳升,我會觀察是否有「反彈」(reflected)的跡象——也就是說,在從高點跌回正常範圍的過程中,ROIC 是否至少有彈升過(理想情況下反彈不止一次)。

俗話說「不要接刀子」,所以反彈代表這些意外收益並未完全消失,且 ROIC 趨於穩定——否則,ROIC 應該會繼續暴跌回之前的區間。這聽起來有點像技術分析的線圖解讀,所以在我開始看到「杯肩型態」[i] 之前,我就直接說重

---

i 編按:cup and shoulders,作者刻意融合杯柄形態(Cup and Handle)和頭肩形態(Head and Shoulders)兩種技術分析圖形術語。

點吧：任何穩定的跡象——也就是高 ROIC 能保持穩定的證據——都能讓我們更放心，顯示這間公司的確懂得如何進行資本配置。

剩下 50 秒：增加投入資金

倒數剩下 50 秒⋯⋯我們已經看過 ROIC 的趨勢，並對這間公司是否是一顆爛蘋果，還是具有潛力的高 ROIC 投資機會，有了初步的判斷。接下來，我們繪製 IC 的線圖，以查看這間公司是否正在重新投資自己，以利用其高 ROIC 的優勢。

但是我要先宣傳一個重要的概念：對數尺度（logarithmic scale）。正如我們在小型股回測策略的長期複利報酬中看到的，我們需要遵循指數成長。如果我們期望某些事物隨時間複利成長，那麼就應該用對數尺度繪圖！

我們預期股票以複利成長，但我經常看到歷史股價線圖使用線性尺度，這真的讓我很抓狂⋯⋯記住，對數尺度會壓縮縱軸上的較大數值，使直線真正對應於指數型的成長。如果線的斜率很陡，代表指數成長非常快速；如果斜率接近平坦，則表示成長非常緩慢。

使用對數尺度繪製線圖，我們一眼就可以輕鬆識別出直線，並發現指數成長模式。我們的猴子大腦並未進化到

能直覺地看出指數成長，因此在等距分布（線性尺度）的縱軸上，想快速準確地識別指數成長幾乎不可能。但最糟糕的是，用線性尺度繪製指數成長型數據（如股價、收入、投入資金）的歷史資料，會產生嚴重的近期偏誤（recency bias）：從線圖看起來，好像所有重要的事情都是在過去一年發生的，而任何很久以前的資料，都只是微不足道的一個小點；然而，這並不表示過去不重要──這只是因為我們使用了錯誤的繪圖方式，而無法吸收真實的歷史。如果它長期以複利成長，那麼（算我拜託你）請用對數尺度繪製吧。

舉個例子，以下頁圖來看，將投入資金以對數尺度繪製時，我們可以輕鬆辨識出幾個 IC 呈指數成長的時期（近似直線），以及 2004 年至 2007 年的下降期。正如對數尺度能壓縮數字差距，在對數尺度上的小幅下降，放在線性尺度上會顯得非常大。因此，IC 從 2004 年至 2007 年的下降幅度非常明顯，達到 －62％。

雖然這麼做可能有點過度簡化，但我傾向於將穩定的 ROIC ／ IC 趨勢（無論是上升〔＋〕還是下降〔－〕）歸入以下 4 種情況：

1. 一帆風順！ROIC（＋）和 IC（＋）

這是一段美好的航程！ROIC 和 IC 同步上升，這表示

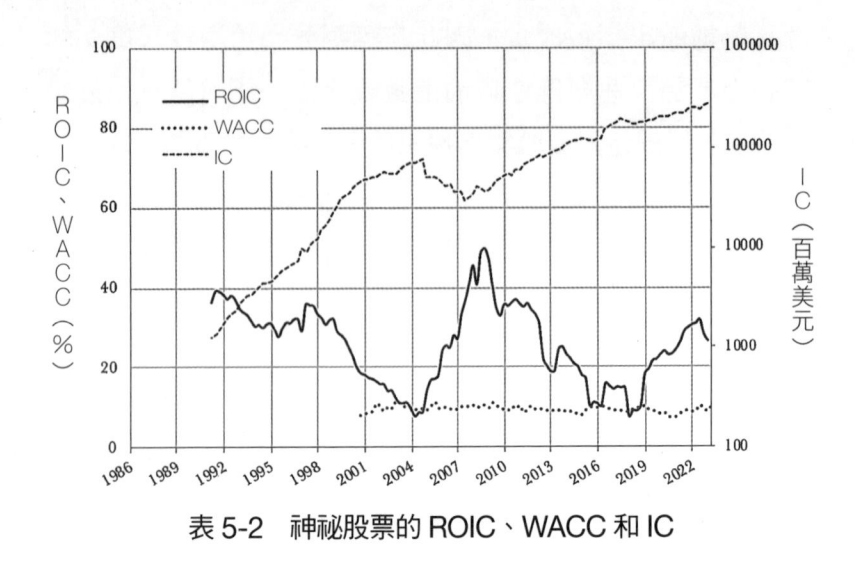

表 5-2　神祕股票的 ROIC、WACC 和 IC

就算 ROIC 的分母（IC）變大，分子（利潤）的成長速度更快。這個商業模式進入了一個穩健的正向循環：更多的資金投入創造了更多的價值。一間好公司變得更好！

範例：以我們的神祕股票為例，這種情況似乎只出現在 2018 年初（而且 ROIC 直到 2018 年底才高於 WACC）。

2. 平穩航行……ROIC（－）和 IC（＋）

當 ROIC 從高位回落時，公司仍在進行自我再投資，但獲利的成長速度未能跟上新增投入資本的運用速度。公司還是有獲利，但可能面臨規模的挑戰或市場飽和問題。儘管如

此,這仍然可能是一段不錯的旅程,因為公司正在收穫早期種下的長期價值。然而,由於現在獲利成長速度已經沒那麼快了[4],我們應該考慮退出或減少部位的策略——特別是因為在其他條件相同的情況下,我們可以將資金投入至處於情況 1 的公司中。

範例:以我們的神祕股票為例,這種情況發生在 1991 年至 2004 年,以及 2009 年至 2018 年。

3. 收帆……ROIC(+)和 IC(−)

當 IC 下降時,公司的債務和股東權益也在減少。如果 ROIC 也在成長,可能意味著多種情況。但是由於 ROIC 的分母在縮小,就算分子(利潤)保持不變,我們也預期 ROIC 會上升。因此,產生相同(或更多)獲利所需的資本減少。這顯示公司可能正在變得極度精簡且有效率,削減債務或實施庫藏股[5]……但由於可用資本減少,這可能表示獲利將在 ROIC 回到穩定值後受到影響(或是股東權益減少,公司經營開始出現問題)。雖然我們無法預測未來,但我面對這種情況會更加謹慎,將其視為潛在的退出或減持機會,同時優先考慮處於情況 1 的其他公司——反正大海裡還有很多魚!

範例:以我們的神祕股票為例,這種情況出現在 2004

年至 2009 年。

4. 棄船逃生！ROIC（－）和 IC（－）

投入資金正在減少，但利潤縮減得更快。如果 ROIC 正快速接近 WACC 這座冰山，那就趕快搭上救生艇吧！

那麼，ROIC 很高但 IC 持平的公司呢？這種情況就像一位明星運動員寧可坐辦公室，也不願發揮自己的技能！如果一間大公司的營收成長碰壁（我們稍後會談到營收），那麼繼續投入資金於內部系統已經變得不合理——這筆資金更應該返還給股東，讓他們投資在能賺更多錢的地方。

話雖如此，公司為了走到現在這一步，已經投入大量資本，而這筆資本所帶來的利潤（回饋給股東與債權人）正是 ROIC 的展現。因此，如果其他條件不變，我們可以預期公司繼續以 ROIC 百分比的回報產生利潤：例如，一間 ROIC 穩定在 20％ 且 IC 持平的公司，每年仍應能提供 20％ 的報酬[6]（例如透過分紅或實施庫藏股），只是這些獲利不是透過再投資而複利累積至公司的 IC 中。

還有不連續的 IC 跳升情況，一次 IC 支出狂潮（spending spree）——即投入資本的大幅即時成長——會降低 ROIC，因此這需要根據長期的 ROIC 趨勢來判斷。公司的利潤可能

需要好幾年的時間才能趕上這波投資，ROIC 也可能需要同樣的時間才能恢復到之前的水準（如果真的回得去的話）。因此，請考慮 ROIC 和閾值限制[i]及 WACC 有多接近。

剩下 40 秒：加入營收資料

倒數計時剩下 40 秒⋯⋯我們已經判斷這是否為一家在對自己進行再投資的好公司。接下來，我們就要加入營收數據，也就是公司透過經營業務產生的銷售總額（top-line sales）。在前一章，我們探討了小型股的優勢──相較於超大型股，小型股有更多的成長空間。

複利獲利必須來自某處──你無法「靠降低成本實現成長」──因此，營收最終是驅動 ROIC ／ IC 引擎的燃料，並支持持久且繁榮的正向循環。在對數尺度上繪製，我們就可以立即透過尋找直線來辨識指數成長的特徵。

隨著公司成長，原本的營收複利成長會開始面臨挑戰，我們會看到成長率偏離指數成長的情況。這可能表現為成長速度放緩的指數模式（線的斜率變得不那麼陡峭），甚至是指數成長後的平緩，也就是直線開始趨於平緩[7]。我們無法

---

i 編按：threshold limit，在此指一個最低可接受的 ROIC 水準，若低於此水準，公司就沒有在有效運用資本，等同不值得投資。

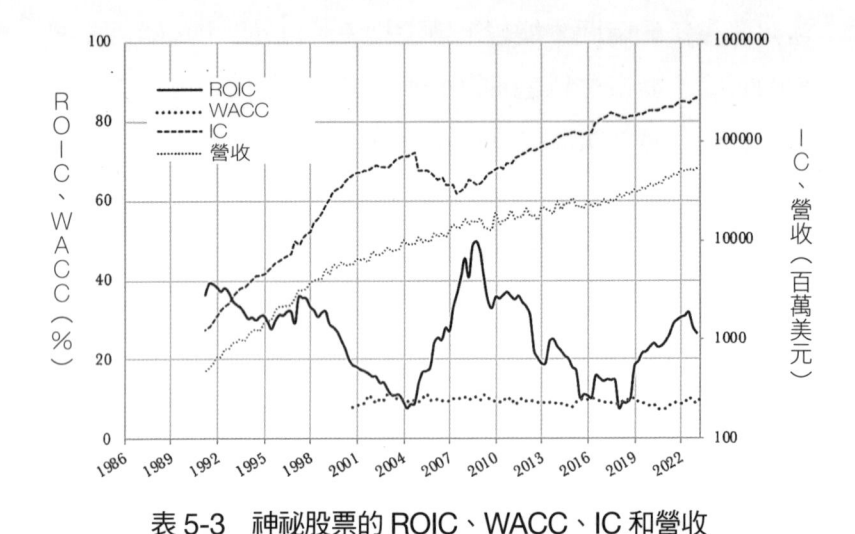

表 5-3 神祕股票的 ROIC、WACC、IC 和營收

預測未來,因此公司可能會發現能夠顯著提升營收規模的新機會……但既然我們有自由篩選任何想要的公司,何不優先考慮那些明確表現出指數成長行為的公司?

舉例來說,根據上圖,我們的神祕股票的營收表現,看起來呈現指數成長。我將其分為 3 個不同階段(而不是平滑的趨緩,但你可能不這麼認為):1991 年至 2000 年斜率最高,2000 年至 2014 年斜率最低,然後從 2015 年開始斜率似乎再次變大。這是一段超過 30 年的出色營收成長。

對於高成長的公司,尤其是軟體領域(數位化擴展相對容易),經常會看到 IC 和營收的成長曲線,幾乎是兩條完

美的直線。隨著公司不計代價地成長，這兩者會同步指數成長。這種成長之旅非常好玩，但成長的雲霄飛車最終會減速——這是不可避免的——屆時分析師的敘事也會隨之改變。

因此，當指數成長伴隨著高且穩定的 ROIC 時，這是一種非常理想的情況：無論分析師對未來股價的猜測是什麼，至少公司是賺錢的，並且正在創造最終能令股東受惠的長期價值。

剩下 30 秒：加入毛利率

倒數計時器剩下 30 秒時，我們要加入另一個衡量品質的指標——毛利率，以簡單判斷公司競爭護城河的強弱。如果毛利率穩定在 40％以上，這通常是一個不錯的信號，顯示這間公司擁有一個相當不錯的護城河。不過，也有例外的情況，例如好市多的毛利率只有 12％，但是透過卓越的顧客滿意度和簡單有效的商業模式，建構起強大的護城河。

正如我們從「桶子裡的壞蘋果」原則中了解到，在快速篩選容易辨認的壞公司時，難免會錯過一些好機會。所以，我們在這一步只需要檢查是否有護城河趨勢。如果毛利率呈現明顯的下降趨勢，這可能是市場競爭正在加劇的線索。

範例：我們的神祕股票多年來一直保持極高的毛利率，大約在 80％左右徘徊了 20 年，只在過去 10 年才下降到

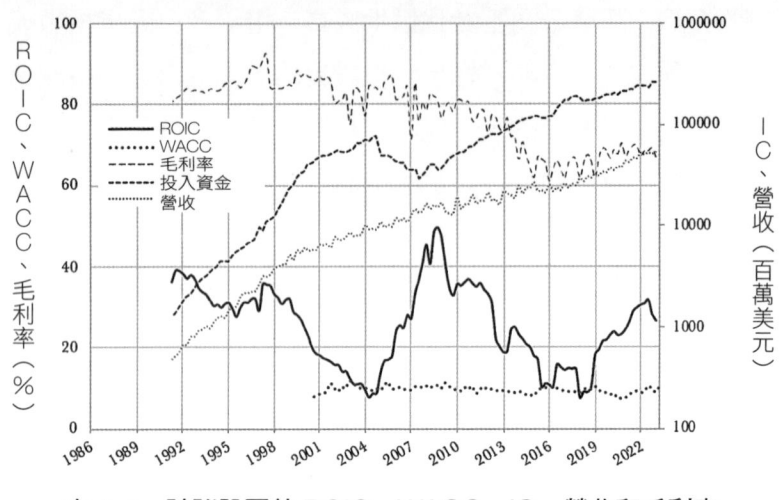

表5-4 神祕股票的 ROIC、WACC、IC、營收和毛利率

60〜70％的區間。這裡沒有任何明顯的警示，反而進一步證明這是一間高品質的公司。

剩下 20 秒：加入股價

計時器剩下 20 秒時，我們要將股價加入線圖──同樣採用對數尺度。等一下，之前不是說不要看股價嗎？我們現在是在建立「患者」完整的病歷，即使在這個策略中，價格不是投資決策的一部分，我們仍然可以從價格的歷史走勢中學到有趣的東西[8]。

範例：可以明顯看到，這支神祕股票的股價在 2000 年

134

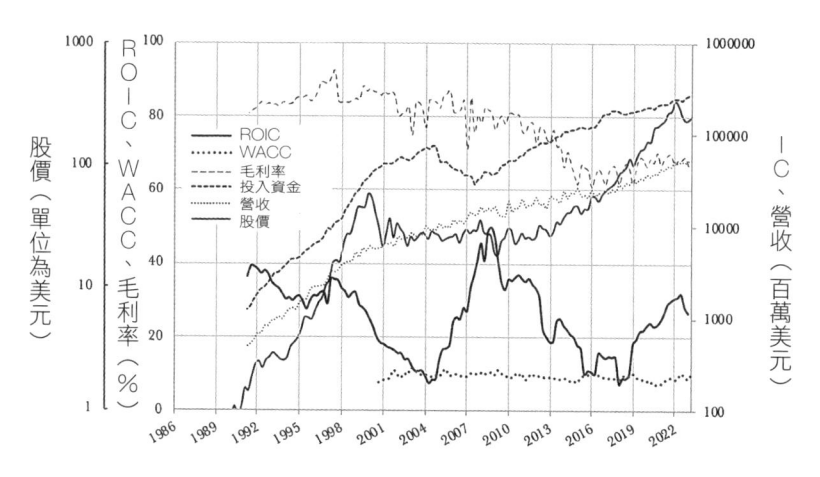

表 5-5　神祕股票的 ROIC、WACC、IC、營收、毛利率和股價

之前，幾乎呈指數型高速成長——事實上，當時的成長堪稱爆炸性！然後股價在區間盤整了 10 年，並在最近 10 年再次加速上漲。要不要猜猜看這是哪支股票？如果我們用線性尺度繪製價格，根本無法在一張簡單的線圖中呈現如此長期的歷史資料。不過，若使用對數尺度，我們就能清楚地了解並欣賞這個「患者」在之前經歷了什麼事。

坦白說，我們這位「患者」的完整病史現在有點擁擠，開始看起來像醫生的筆跡一樣凌亂！不過，我們仍然想追隨像素化真相，避免資訊超載。請記住，這是對一間經營了超過 30 年的公司的完整快照。重點並不是納入所有資訊，而

是挑選出那些有助於我們理解與本書投資策略相關的長期趨勢的關鍵內容。希望在一步步建構每個過程後，最終的快照不會讓人感到壓力山大。

現在想像一下，假如這是你第一次看到這張歷史快照，你會如何用全新的視角解讀它，並得出哪些結論？舉例來說：這間神祕公司一直以來都是一間優秀的企業，具有高 ROIC 和高毛利率。直到今天，這間公司仍保持著正向的 ROIC／IC 循環（「一帆風順」階段），並獲得指數級成長的營收支持。然而，營收和 IC 的成長並不像 2000 年之前那樣爆發性（「平穩航行」階段）。即使不查看股價，我們也可以很快解讀出這些資訊。

你能想到哪些後續問題，來幫助向你詢問這支股票的朋友？例如：「這間公司的商業模式在過去 10 年發生了哪些變化？」看起來毛利率略有下降，但指數成長率（以及 ROIC）自那時起有所提升。或是：「公司規模對其成長的限制有多大？」因為我們仍然看到指數型營收成長，但增速已不如早期。又或者：「為什麼過去幾年來的獲利增速放緩？這是否會成為長期趨勢？」因為 ROIC 略有下降，而 IC 卻持續增加。

最後來看看，我們非常粗略地回測在這支神祕股票上的表現如何。採用「買進並持有」策略，我們會在 1991 年 3

月以每股 1.4 美元買進,並持有至 2023 年 3 月,以每股 254 美元出售,實現 32 年 CAGR 17.6％。這是一項極佳的投資！那麼,ROIC 篩選策略的表現又如何呢？

回測：ROIC > 20％
- 買進：1991 年 6 月（1.4 美元），賣出：2000 年 9 月（30.2 美元）＝未年化報酬率 2,057％。
- 買進：2006 年 6 月（23.3 美元），賣出：2013 年 3 月（28.6 美元）＝未年化報酬率 22.7％。
- 買進：2013 年 9 月（33.3 美元），賣出：2014 年 12 月（46.5 美元）＝未年化報酬率 39.6％。
- 買進：2019 年 9 月（139 美元），持有至 2023 年 3 月（254 美元）＝未年化報酬率 82.7％。

在這 32 年期間,這種策略的 CAGR 只有 14.1％……糟糕！出了什麼問題？通常 14.1％的 CAGR 已經相當不錯,但看起來我們的表現還不如直接買進並持有！其實,我們有 11 年的時間並未持有該股票；如果改為只計算實際持有的 21 年期間的報酬,這個簡單策略的 CAGR 達到了 22.2％──這樣好多了！而在那 11 年中,我們應該尋找其他投資機會,繼續實現複利成長。

剩下 10 秒：先喝一口水吧

最後的 10 秒鐘，先稍作喘息，再開始分析下一支股票！像素化的真相並不表示我們透過這次評估就成為專家——這向來就不是目標。但是，**透過根據完整歷史快速形成對公司的看法，我們已經能初步判斷這是不是應該直接放棄的個股，還是值得深入探索的選擇**。此外，我們的 60 秒評估也應該產生一些具針對性的問題，例如：

- 高 ROIC 是否可持續，還是只是短期爆發？
- 成長是否正經歷爆炸性成長後的平緩？
- 在競爭激烈的環境下，毛利率是否穩定？
- 為什麼公司不再把錢再投資於自己？

讓我們揭曉答案：歷史快照中的這支神祕股票就是⋯⋯微軟！

我們在不了解其商業模式、經營團隊[9]、最新盈餘預測、競爭情況、產品發布潮等資訊的情況下，得出了這些觀點。我選擇以微軟為例，不是因為它是最好的案例（並不是），而是因為這展現了完整歷史中一些有趣的長期趨勢。從粗略的回測中可以看出，我們會錯過了 2014 年至 2019 年期間股價的大幅上漲。根據「爛蘋果篩選條件」，這完全沒問題：

我們不在乎錯過的漲幅。不讓一顆爛蘋果混進籃子裡，比放入每一顆成熟的蘋果還要更重要！

我們應該根據當時掌握的資訊來判斷交易決策，而不是事後根據無法預測的結果來反思。好的選擇最終會帶來好的結果，而我們的策略是為了長期持續發展。即使在那波漲幅中賣出了微軟股票，我們也會將資金投入通過篩選條件的其他機會，以繼續複利成長。

我在本書最後的「資源」一節，新增了一些其他公司的歷史快照。請看一看，試著只根據這些快照，在 60 秒內對這些企業形成看法。同時思考如果想深入研究這些企業，這些快照會引導你提出哪些問題。

本章要點

1. 我們可以透過少量可衡量且有意義的每季數字，作為完整的歷史快照，在 60 秒內評估一支股票。
2. 過去的趨勢無法預測未來，但透過長期趨勢可以看出企業是否穩健且具有適應能力（擁有強大的競爭力和品質護城河），以應對未來的挑戰。
3. 透過 60 秒評估形成的快速看法，可以用來篩選公司，作為進一步研究的方向。

第六章

祕密就是沒有祕密！

我希望走到了這一步，你現在已經知道，去除雜亂的敘事、直面未知的未來，專注於創造長期價值的策略，其實非常簡單。這裡沒有任何神奇的公式，例如分析公司總部的天氣模式，或是從每日股票交易量中找到隱藏的數學密碼，也沒有內線消息能告訴你股價的走勢（至少以長期來說是如此），因為沒有人能預測未來。

祕密就是沒有祕密！這個策略所需的所有資訊其實都擺在眼前──難的部分在於擁有正確的心態。

巴菲特 vs. 避險基金

巴菲特在 2008 年時下了一個數百萬美元的賭注：標普 500 指數在 10 年內的績效，將超過由 5 檔避險基金組成的投資組合（扣除費用後）。

巴菲特的論點很簡單：主動型投資基金收取年度管理費、績效費，以及頻繁交易而增加的額外成本；相較之下，被動投資於低成本指數基金的費用要少得多。

就費用而言，對投資人最不利的，就是組合型避險基金（fund of hedge funds）；這類基金會收取費用來挑選避險基金，而組成這些基金的避險基金本身，又會各自再收取費用……是不是很複雜？這正是問題所在。

巴菲特的論點之所以如此優雅，是因為它很簡單：如果

被動的廣泛市場指數是平均水準,那麼主動型投資基金的平均績效一定更差,因為費用更高。

避險基金支持者接受了這場賭注,並提出反對意見:避險基金可以進行「多空操作」,也就是既可以押注股價上漲,也可以押注股價下跌。因此,即使避險基金在經濟繁榮時期績效略差,但在經濟困難時期應該表現得更好。那麼結果如何?完全不令人意外,巴菲特贏了:到了第 8 年時,標普 500 指數的報酬率為 65.7%,而選定的 5 檔避險基金的報酬率只有 21.9%。等到 10 年賭局塵埃落定時,標普 500 指數的 CAGR 是 7.1%,而避險基金僅為 2.2%[1]。

用巴菲特的話來說:「雖然這對避險基金來說,好像是個很糟糕的結果,但對避險基金經理人來說並不糟糕。」完全沒錯。

巴菲特與避險基金的賭注這一案例,是一個過度金融化的系統性問題,而低成本的廣泛市場指數基金或許可以解決這個問題的一部分。如果大多數人想要真正的被動投資,那麼指數基金就是最佳選擇——這是最接近「零努力」的投資方式。

如果你想投入 100% 的努力,那麼就聽巴菲特和蒙格的話,學會正確的方法;不過,如果你只想投入 1% 的努力,那麼請記住像素化的真相:放大的細節越多,反而越難理解

大局,畢竟我們無法從所有像素中預測未來。80／20 法則告訴我們如何用更少的努力獲得更多的報酬,但你仍需要親自管理投資組合,而不是將錢交給那些亂丟飛鏢、收取高額費用的「猴子」。

這需要長期思維、非情緒化的操作,以及正確的分散投資。但這一切的前提是:你必須先擁有正確的心態。

▌讓財富變大的方法,和維持健康相同

> 「賺大錢不是靠買賣,而是靠等待。」
> *"The big money is not in the buying and selling, but in the waiting."*
>
> ——查理・蒙格 CHARLIE MUNGER

中頭獎的機率是 3 億分之 1,但總有一個人會中——欸,誰知道,搞不好就是你!不過,遺憾的是,我們其實知道……以一位玩家的角度來看,若想要中頭彩,大概要玩個 200 萬年[2]。然而即便如此,仍有一半的人參與這場遊戲[3]。這就是人性:我們總在尋找捷徑,選擇阻力最小的路,而非延遲滿足,並走在已知有效的道路上。

我最近讀到一種一週注射一次的減肥藥物,據說全球首富也在注射。我心想,他那麼有錢,至少能買得起一盤

沙拉，或去附近跑幾圈吧！我有切身經驗：我曾減掉 75 磅（按：約為 34 公斤），從過去的肥胖體態成功減至自己滿意的體型。不過，早在達到目標體重和體脂肪比例之前，我就已經知道：減肥的祕密就是沒有祕密。雖然聽起來像老生常談，但我不斷告訴自己：如果我能做到，那其他人也可以，而且應該能做得比我更好，畢竟我一輩子都嗜糖成癮。我希望其他人也能實現他們的健康目標，感受我所感受到的，並一起成為最好的自己。

那麼，為什麼這種注射式的減肥藥物，在未來 10 年的估值竟高達 1,500 億美元（對製藥公司而言可真是個美妙的交易）？事實是，我們都知道應該選擇紅蘿蔔而不是巧克力棒；我們都知道要讓心跳上升、舉重物，並保持身體的靈活度。起司漢堡和冰淇淋總是那麼好吃，就像樂透彩券或任何快速致富的機會一樣，永遠誘惑著人們。我們無法人人都有超級英雄的身材，這和我們無法人人都有超級英雄的銀行帳戶道理相同：**健康與財富的關鍵在於心態。**

要堅持這種（或任何其他）投資策略，我們需要的是**長期的複利心態**（compound mindset），**讓小幅成長有機會以複利累積**，無論是在談論卡路里的流動還是現金流動，這點都錯不了。我們已經看到用對數尺度繪製複利數字的重要性，因為我們的「猴子大腦」是線性的：我們很容易辨識直

線,卻很難看出指數成長。

然而,正是複利這個「世界第八大奇蹟」,讓長期投資如此強大。擁有複利心態表示我們接受了一項事實:指數型成長很難被察覺——不僅對我們來說如此,對身邊的每個人也是如此!

舉個例子,根據下表,如果我讓你選擇這兩種支付方式16天,你會選擇哪一種?

	第1天	第2天	第3天	第4天	第5天	第6天	第7天	第8天
支付方式#1	$2	$6	$19	$54	$147	$402	$1,096	$2,980
支付方式#2	$1	$16	$81	$256	$625	$1,296	$2,401	$4,096

擁有複利心態表示我們專注於過程,而非最終目標。一個好的長期投資策略在一段時間過後會變得更清晰,因為隨著市場的起伏,複利曲線會逐漸顯現(就像我們在對數尺度上繪製小型股回測線圖時所看到的)。

思考最終目標就像是在比較這些報酬中的兩個單日結

果——只比較兩個數字,並沒有辦法分辨哪個長期趨勢更好!真正重要的是如何達到目標——也就是過程。我們不關心最終目標,只關心自己是否每天、每季、每年都在遵循策略,維持長期的成長趨勢。時間越久,複利趨勢的證據就應該越明顯。就像節食和運動一樣,這其中沒有什麼祕密——**一切都取決於你是否能專注於成功的過程、保持堅定的心態,而非著眼於最終目標。**

事實上,若將該表格延伸到第 9 天,支付方式 1 的報酬將達到 8,102 美元,而支付方式 2 就只有 6,561 美元。第 9 天之後,支付方式 1 每一天的報酬都高於支付方式 2(我特意只顯示到交叉點的前一天)。支付方式 1 是真正的指數成長,是我們追求的目標,而支付方式 2 ——雖然看似成長較快——最終卻無法跟上[4]。在第 16 天,支付方式 2 的報酬為 65,500 美元,而真正的指數成長(支付方式 1)則達到了 890 萬美元——比支付方式 2 的總和還要高太多了!

適合任何季節的計畫

我記得與一位資深專家的對話,他是一名擁有數十年經驗的投資組合經理人,管理數十億美元的資產。我問他,當市場看起來估值過高、泡沫化,過於歡樂且脫離現實時,我們應該如何投資。他的回答簡潔明瞭:「**我們不會試著猜測**

市場時機。」這是一句經常被人提及、卻不常真正做到的投資箴言。

當然,這出自一位靠管理資金收取費用的投資組合經理人之口,因此對於擁有這種激勵機制的人來說,說出「永遠買進股票」這種話並不令人意外。然而,事實是,總會有經過深思熟慮的理由,支持股市明天會上漲,同時也總會有同樣周全的理由,認為股市明天會下跌,而且雙方的論點通常都經過仔細研究,還附上令人信服的說法!

在經濟衰退或市場高度波動時,總會浮現一個永遠存在的問題:「在不確定的時期,我應該如何投資?」但事實是,我們始終在不確定的時期進行投資,因為沒有人知道接下來會發生什麼事。在一個不可預測的世界中進行長期投資,表示我們的策略應該是永遠適用的——適合所有季節的計畫——無論聯準會對利率做出什麼離譜的決定、無論哪個產業的估值倍數在縮小、無論哪個加密貨幣正在登月[i],我們的策略都不應該改變。

這是個很大的市場,永遠會有某個地方有機會。既然我們真的不知道明天會發生什麼事,那麼今天就不應該依賴水

---

[i] 編按:going to the moon,加密貨幣術語,特定幣的價格正在上漲,好像要去月球一樣。

晶球,或聽信最響亮的預言做決策——不要去聽就對了!

我們選擇的篩選標準,目的在於尋找那些擁有強大價值創造護城河的企業,以便靈活應對意料之外的變化(而不是押注於某個預期的結果)。如果明天沒有發生任何意外,那麼企業仍然會在自身利益驅動下再投資並提高獲利。

這表示我們不會根據電視上那些讓人恐慌的雜訊新聞,策略性地在類股之間輪替,或是在股票和債券之間切換。無論市場是上漲、下跌還是盤整,我們永遠專注於擁有一部分能夠創造價值的機器。如果資料顯示這是一間好公司,那麼季節根本無關緊要。

▌別讓情緒為你交易

> 「在股市中,你身體中最重要的器官是胃,不是大腦。」[i]
>
> *"The key organ in your body, in the stock market, is your stomach. It's not the brain."*
>
> ——彼得・林區 PETER LYNCH

1940 年出版的《客戶的遊艇在哪裡?》(*Where Are The*

---

[i] 譯注:意指是否能承受得起漲跌波動,而不會因焦慮而胃酸過多。

Customers' Yachts），描繪了 1929 年股市崩盤期間華爾街的景象：用危險的保證金交易賭博，卻不了解其中的風險；害怕手上留有現金，生怕沒有將資金全數投入市場[5]；追逐價格的動量波動，結果不論漲跌都賠錢；盲目信任歷史線圖的長期預測能力；當選擇權進入價內卻沒有出場策略時陷入恐慌；把崩盤的責任歸咎於賣空者，而非信用泡沫的膨脹；認為把資金全輸掉的基金經理人是騙子、而非笨蛋；還有，目光緊盯價格不放……。

這些情境彷彿昨天才發生！自 1929 年崩盤以來，股市的技術面確實發生了變化，但我們的「猴子大腦」卻毫無進化。已經過了將近 100 年，這場情緒的遊戲還是沒有改變。你要不要賭賭看，人類心理在未來 100 年內，究竟會不會發生改變？

本書的策略簡單得令人難以置信。我們已經看到，透過 30 年的回測，這個策略在多個商業週期中能如何超越市場表現。然而事實是，我們無法用同樣的方式回測自己的情緒。我們是否會在價格不斷下跌的情況下，仍有信心買進一間好公司？當一顆好蘋果變壞時，即便其股價正在登月，我們是否能夠維持紀律將它賣出？將自己置於假想的情境中，我們可以輕鬆地說自己不會受價格影響，但恐懼與錯失恐懼症的傳染力非常強大。

舉個例子，下圖是消費者信心指數（consumer confidence level）圖表，這張圖表提供了一個衡量群體「恐懼／貪婪」的指標[6]。自 1966 年以來，信心指數的中位數為 97，表示有一半的時間，信心指數高於 97，另一半時間低於 97。若與標普 500 指數進行比較，不難發現群體的情緒往往跟隨價格波動！當股市低迷時，信心也低；當股市上漲時，信心則高——在科技泡沫頂峰時達到高點，並在 2008 年房市崩盤後跌至谷底。**跟隨情緒投資，你就會買高賣低。**

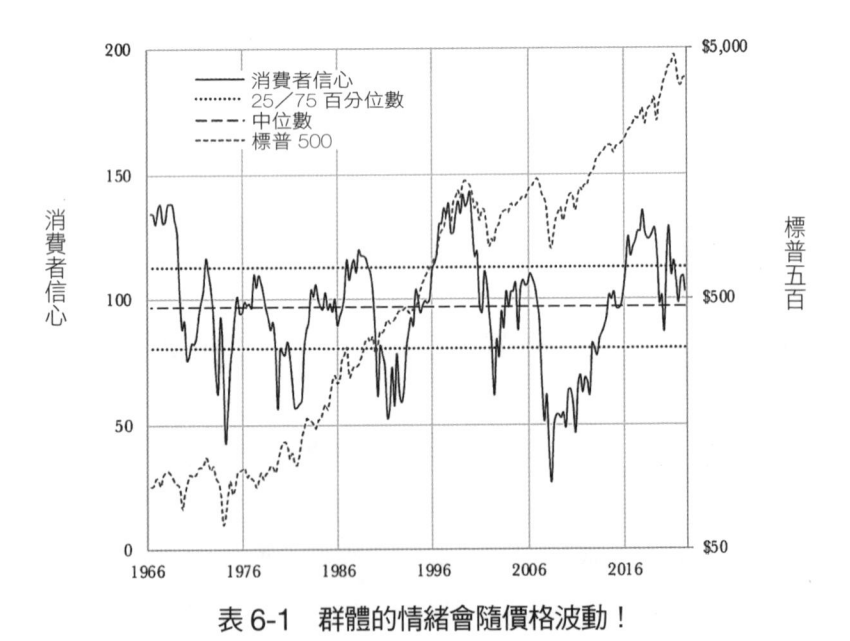

表 6-1　群體的情緒會隨價格波動！

數字不會說謊：有 25％的時候信心指數低於 81（群體很「恐懼」），而有 25％的時間信心指數高於 113（群體很「貪婪」）。但有趣的是，當群體貪婪時，標普 500 在接下來一年的平均報酬率只有 5.3％；而當群體恐懼時，報酬率卻飆升至 10.5％。

更進一步，有 10％的時候信心指數低於 61（「非常恐懼」），另外還有 10％的時候信心指數高於 130（「非常貪婪」）。當群體非常貪婪時，標普 500 在接下來一年的平均報酬率為負 0.3％。但當群體非常恐懼時，標普 500 的報酬率竟高達 17.5％！

當我們認識到心態在投資中扮演的重要角色時，也許就可以阻止自己建構一個與企業基本面無關的像素化敘事。同樣重要的是，我們要提醒自己，**市場中每個人都在對抗自己的情緒——這正是我們可以利用的優勢**，逆勢而行。所以我發現不再查看價格，讓投資變得簡單許多！

▍如何（不）造成惡性分散

我在金融業工作時，最有趣的事情並不是平衡投資組合、和上市公司經營團隊見面，或是深入思考投資策略。最有趣的其實是和銷售人員打交道。他們風度翩翩、幽默風趣、死的都能說成活的。

跟著他們出外勤時，我親眼目睹他們如何向客戶推銷金融產品：

「不喜歡中型股？那這個小型股／大型股的組合怎麼樣呢？」

「你最近剛在屋頂裝了太陽能板？那我們來點 ESG[i] 投資吧。」

「不會吧，我有個叔叔住在某某科技小國！他超愛我們的新興市場基金。」

「非得要我放火燒了自己的頭髮，你才能了解你有多需要這些市政債券嗎？」

基金經理人自行劃分投資世界，用各種方式重新包裝，然後提供一盤「拼盤」（這還算委婉的說法）以供客戶選擇。這一切的名義都為了幫助客戶分散投資。

我們探討了現代投資組合理論中風險與報酬的取捨，這理論假設在效率市場中，可以透過建立多元化的投資組合，藉由消除投資之間的正相關性，在一定的風險水準下最大化

---

i 編按：環境保護（E，Environmental）、社會責任（S，Social）以及公司治理（G，Governance）的縮寫。

報酬。我們同時也探討了這個理論為什麼不合邏輯：嘈雜的價格波動並不是「風險」，股票的走勢並不符合鐘型曲線（還記得矽谷銀行事件嗎？），而且在市場崩盤時，相關性會改變——退潮時所有船隻都會往下沉！

世界上最成功的投資人，將他公開交易的股票投資組合的80％，僅分配在6間公司上，而且他過去甚至更加集中。事實證明，自1965年以來，巴菲特能實現20％的CAGR，這顯示較低的風險，並不需要更多的分散投資——沒有什麼比成功的長期投資紀錄更能定義「低風險」了[7]。

但是我們也看到，分散投資在某些情況下非常有用：創投投資人押注於具有爆發性成長潛力的小型公司，透過對大量新創企業進行分散投資，可以獲得更高的平均報酬。在這種情況下，分散投資的確能降低真正意義上的風險，也就是損失一切的可能性。

在著作《彼得林區選股戰略》（*One Up On Wall Street*）中，彼得‧林區創造了惡性分散一詞，意思是企業將資源分散到許多不同的機會中，最終導致整體競爭力削弱。在投資組合管理的背景下，我們可以將這種現象解釋為，試圖透過降低風險來增加報酬，轉變為透過降低風險來降低報酬。

根據這個定義，惡性分散不只是持有多少檔股票的問題[8]。畢竟，林區非常成功地管理富達麥哲倫基金，投資組

合多達 1,400 支個股,並在他 13 年的工作期間內,實現了 29％的 CAGR。真正的關鍵在於了解自己的投資方法,還有清楚自己所依賴的像素的局限性。我們使用的像素與現實之間有差距,而分散投資應該反映出這種不確定性。雖然是這麼說,但很明顯沒有一個魔法數字,告訴我們理想的持股數應該是多少!

舉例來說,數學上顯示,將一副撲克牌洗牌 7 次,可以消除牌與牌之間的相關性[9]——所以沒有人願意讓我發牌(我總是堅持要洗 7 次!)……雖然每張牌本身是隨機的,但整副牌的統計特性並非如此[10]。因此,就撲克牌而言,「多元化」有一個明確而簡潔的定義;但股票市場的隨機性並不遵循相同的可重複統計規律——至少不是長期如此。雖然有一些統計模型比鐘形曲線更適合解釋市場行為,但說到底,任何模型都無法預測其自身範圍之外的事件(請參閱塔雷伯的著作《黑天鵝》)。

你只有一個投資組合

本書介紹一種簡單的策略,能幫助你在股市中挑選賺錢的個股,同時將所需的時間和精力減少 99％。雖然重點並不在於投資組合管理,但既然提到了分散投資,我就必須補充說明一下股票之外的世界。

我們每個人實際上只有一個投資組合，這個投資組合不只是公開交易的股票，也包含其他投資形式：債券、不動產、非上市公司、智慧財產權、大宗商品、衍生性金融商品。甚至可以說，還包括（請原諒這句很老套的話）投資於你自己──你最重要的資產就在你的腦袋裡。

　　這些資產共同構成了唯一的投資組合，能夠實現長期的財富成長。只考慮投資組合的一小部分來討論風險承受能力和分散投資，這並不合理；我們應該全面考慮在不同資產類別中的投資，以共同降低股票（以及彼此之間）的風險。

　　股票是一種極佳的投資方式。永遠不要忘記，我們買進的是一間真實企業的所有權──而不是對螢幕上的一條線下注！這些企業是生產性資產，它們投入資源，創造價值，然後將產出以獲利的方式出售。

　　如果你只持有一支公開交易的股票，但是你可以創辦一間用你自身經驗、知識和抱負，並擁有去風險化商業模式的公司，那麼你的單一投資組合風險可能非常低，儘管它只包含兩個持股：一家上市公司的股票，和一家非上市公司的股份──或是你的專利、版權音樂或增值的不動產等。

　　舉例來說，我和老婆的淨資產分布於以下資產：

- 10%流動資產（包括貴金屬）。

- 45％不動產（租賃物業）。
- 45％股票（包括公開和私募股權、小型企業）。

這些比例絕對不是固定的規範，但目前對我們來說是有效的[11]。因此，我們的資產並沒有 all in 到股市中；我們既投入股市，也將資金分散到其他領域，以不同的方式實現我們的想法。

在我的單一投資組合中，我對股票的配置哲學是：**如果我發現自己比預期的更頻繁檢查股價，那麼我對這支股票的曝險就過高**。與其試圖對抗自己的情緒，我選擇接受這種「猴子大腦」的本能——如果我將所有資產都投注在上市股票，我可能會不斷檢查和過度交易。

最後，重要的是這個單一投資組合的複利成長。就像一間企業（一部賺錢機器）會將資本分配到報酬最高的地方一樣，我們也應該透過了解自己的優勢，藉此分配時間和資金。這代表我們要透過理解自己獨特的技能、知識和心態來降低風險，這樣一來，這個單一投資組合成為一個大於其各部分總和的投資配置。

至於更深入的投資組合管理討論，就留待下一本書再細談吧。

本章要點

1. 就像節食和運動一樣,投資並沒有什麼天大的祕密!關鍵在於心態。
2. 保持長期複利心態,專注於過程;隨著時間推移,複利效果應越來越明顯。
3. 市場中的每個人都在對抗同樣的人類情緒,這些情緒在過去 100 年未曾改變(短期內也不會改變)。時時檢視自己!
4. 用適合你的方式分散投資。你只有一個投資組合,而且那個組合中不只有股票。

第七章

結論：
別再查看股價了！

我們已經探討了許多內容：正如像素化的真相，大多數資訊都可以放心忽略，因為：一、當我們放大時，畫面會變得模糊；二、我們無法從中預測未來。

在投資領域我們可以看到，CAGR 就是王道，只要避免大幅虧損，我們就能透過降低風險來增加報酬──這與「風險與報酬成正比」的傳統思維相反。這讓我們能將重點放在剔除爛蘋果，避免它們破壞整桶蘋果。

我們運用 80／20 原則，將 ROIC 設定為創造長期價值的關鍵指標，因而節省了時間。我們借用風險創投的策略，將篩選標準應用於小型公司（快速成長帶來上漲空間，多樣化提供下跌保護）──但與風險創投不同的是，我們選擇的公司已經獲得市場的意見回饋：有獲利且高品質。

我們扮演醫生的角色，建構完整的「病歷」，在 60 秒內透過長期趨勢來評估我們的公司病患。

最後，我們提出了一個顯而易見的事實：就像節食和運動一樣，答案就在你面前，困難的部分在於實踐。維持長期複利思維，不要得了錯失恐懼症，並以適合自己的方式進行正確的多樣化投資。

ROIR，你的投入「研究」報酬率

我們的生活中總是處於資訊超載的狀態，股市也不例

外。儘管我們被引導相信，消化最多資訊的人最有能力預見未來，但宇宙的運行法則並非如此。市場是一個由許多充滿情感的個體交互作用而構成的複雜系統。

我們談了很多關於 ROIC 的內容，但這本書真正在談的，其實不是 ROIC，而是 ROIR——投入「研究」的報酬率（return on invested research）。在像素化的世界中，更努力不一定能幫助你了解更多，反而可能害你因為過度解讀模糊的像素而試圖預測未來，結果適得其反。

ROIR 下降的速度，比我們意識到的還要快，因此我們限制資訊攝取——包括新聞、雜訊和敘事，以便在更短的時間內獲取更有價值的資訊。我們讓財務報表說話，而非股價。這讓我們能在 ROIR 變為負值之前，就擁有足夠的資訊，做出足夠明智的決策。

我們無法預測未來，但透過挑選能夠把錢變成更多錢的優質公司，我們押注於「品質護城河」，幫助公司適應未知的未來，並繼續創造長期價值。相較於了解所有東西的策略，這種篩選所有東西的策略大幅減少了時間和精力，卻仍能獲得不錯的報酬！

就算沒有其他收穫，我也希望這段旅程能為你提供一種全新的視角：不要聚焦模糊的像素，放大格局，藉此最大化你的 ROIR。

▍接下來該做的事

1. 現在你已經知道哪些資訊「不需要知道」了……開始去賺錢吧！無論你是採用本書中的策略，還是只是帶著對股市資訊超載的全新視角闔上本書，我都祝你選股成功！

2. 請為本書評分並留下評論，讓我知道內容是否對你有幫助。我非常相信意見回應能幫助我做得更好，非常期待聽到你的想法，以協助未來關於投資、交易、房地產等主題的內容創作。你的 5 星評價也能幫助其他人發現這本書的內容有幫助。

3. 歡迎試用我們的股票分析工具 ValueGlance，前往網址 valueglance.com。在結帳時使用代碼 SCTP1MONOFF，即可免費獲得高級版的一個月試用期。這款工具能為你繪製任何一支股票的歷史快照，並篩選市場中能創造高價值的優質公司。

4. 如果你喜歡本書，請關注即將出版的相關策略書《別再買熱門股》。這本書將幫助你確保能以理想的價格買進和賣出優質公司，並學習如何管理你的股票投資組合。

5. 訂閱我們的免費 ValueGlance 電子報，請前往網址：valueglance.substack.com（掃描下方 QR code）。這份電子報將提供更多投資旅程中的內容、更新我的觀察名單，以及分享應用策略以取得更佳效果的技巧。你還將獲得關於我使用

的 ValueGlance 投資工具的最新資訊，這款工具能幫助你挑選好公司、建立歷史快照，並快速評估股票。

歡迎加入我們的免費 ValueGlance 電子報，讓我們的知識一起複利成長！

附贈內容：股票分析工具

開始找出贏家吧！

我希望現在你已經明白，一個充分了解資訊的投資者根本不需要每年花 27,000 美元，使用高級的彭博終端機。我提供了一些替代工具的清單，讓你能獲取本書中簡單策略所需的歷史股票資料。但是如果你仍然覺得這些工具無法快速提供所需資訊，那麼我們的工具 ValueGlance 可能會為你帶來極大的價值。

我們打造這款工具的目的是要清晰呈現關鍵的長期數據，過濾雜訊，幫助你找到下一個投資機會，並按照像素化的真相原則，按一個按鈕就能分析任何股票。任何人都能使用這個策略：輕鬆篩選淘汰爛蘋果以及繪製歷史快照來評估股票（就像本書中對微軟所做的分析）──而不需要向彭博支付昂貴的費用。

在這個時代，所有的資料只需要去搜尋就能輕易地被找到，但使用我們的工具，能讓「分析股票」這件事情變得更加簡單，並且還能幫你計算、繪製線圖。

請瀏覽 https://valueglance.com/（或掃描 QR code），開

始挑選贏家！本書讀者可以免費試用高級版本一個月。在結帳時使用優惠碼 SCTP1MONOFF 即可。

　　取得你的 ValueGlance 一個月免費試用期，並開始挑選賺錢的個股！

資源：歷史快照範例

　　以下是一些知名股票的「病歷」快照。這些資料至少追溯數十年，以觀察長期趨勢。事先說明，如果圖表線條看起來像煮得太軟的義大利麵，我在此先致歉。請用 60 秒快速評估，看看你能發現什麼資訊！

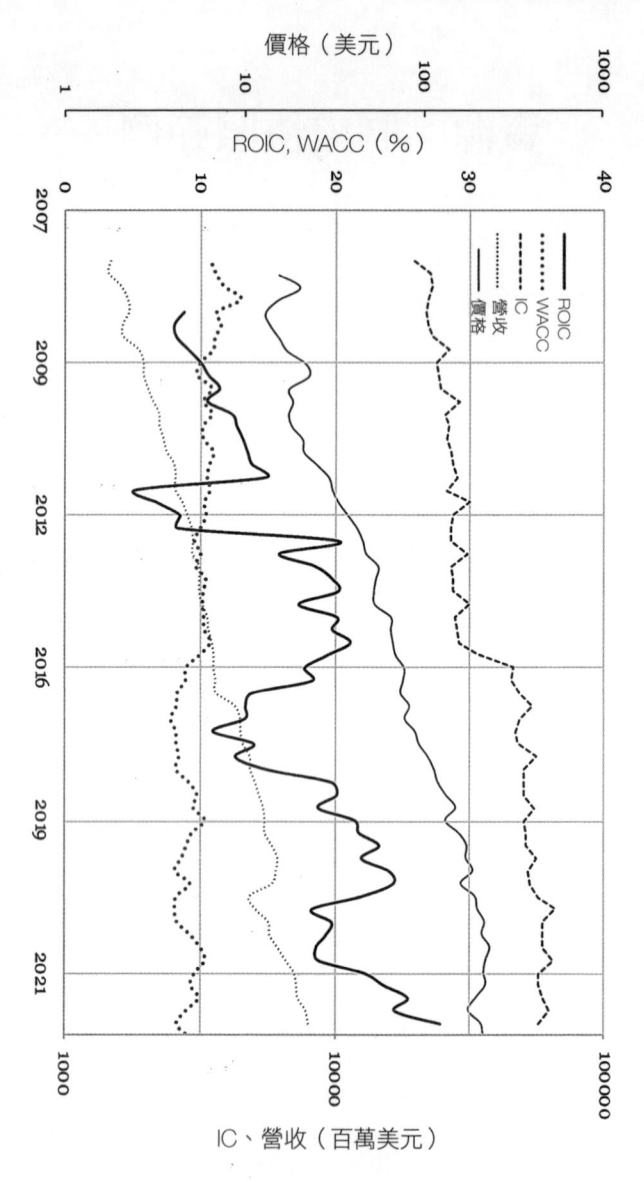

威士（V）：數位支付和電子金融服務供應商

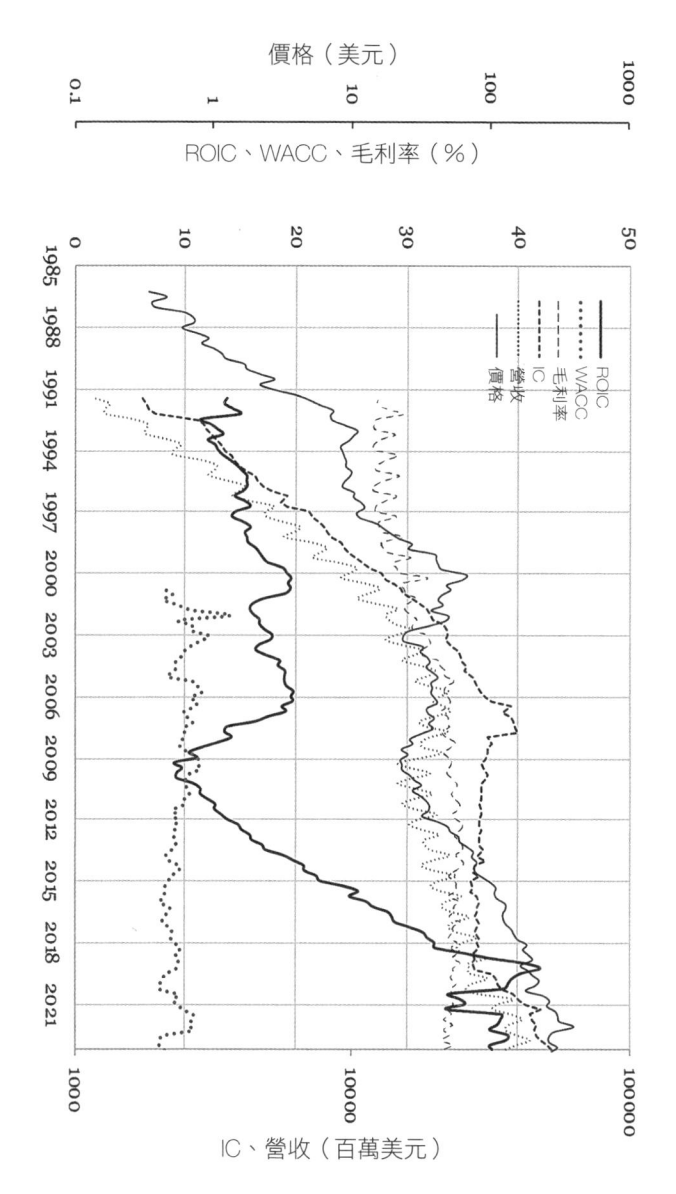

家得寶（HD）：居家修繕、建築材料和工具零售商

資源：歷史快照範例　171

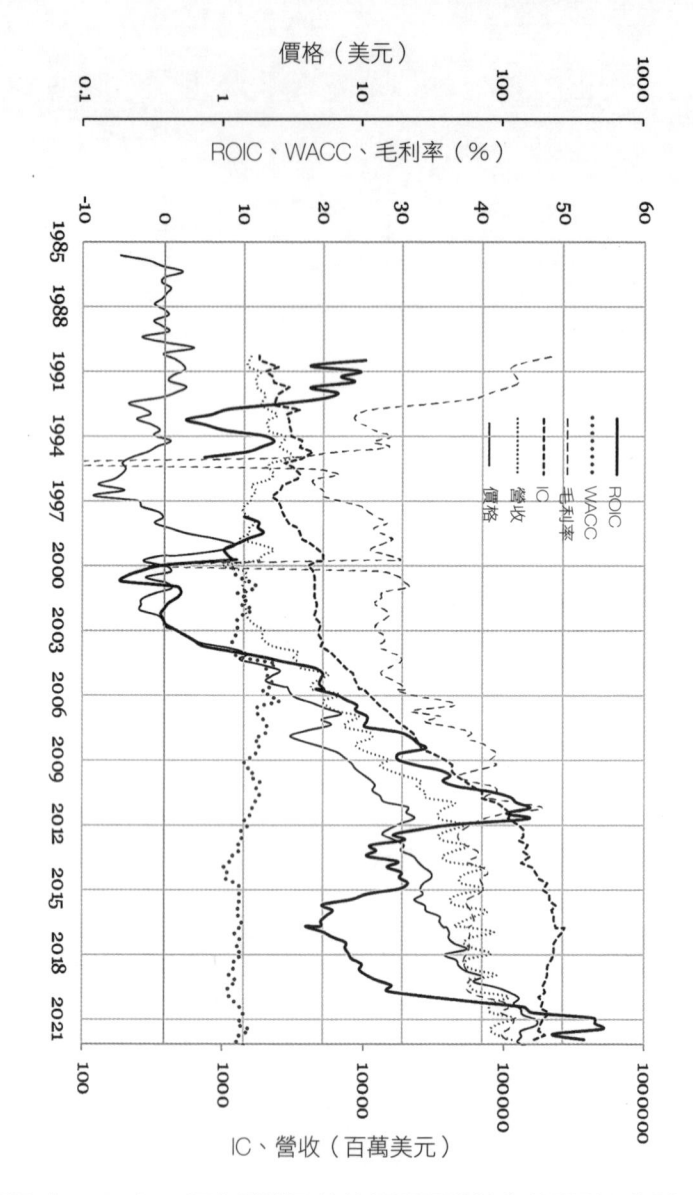

蘋果（AAPL）：個人電腦及其他相關硬體技術的設計和製造商

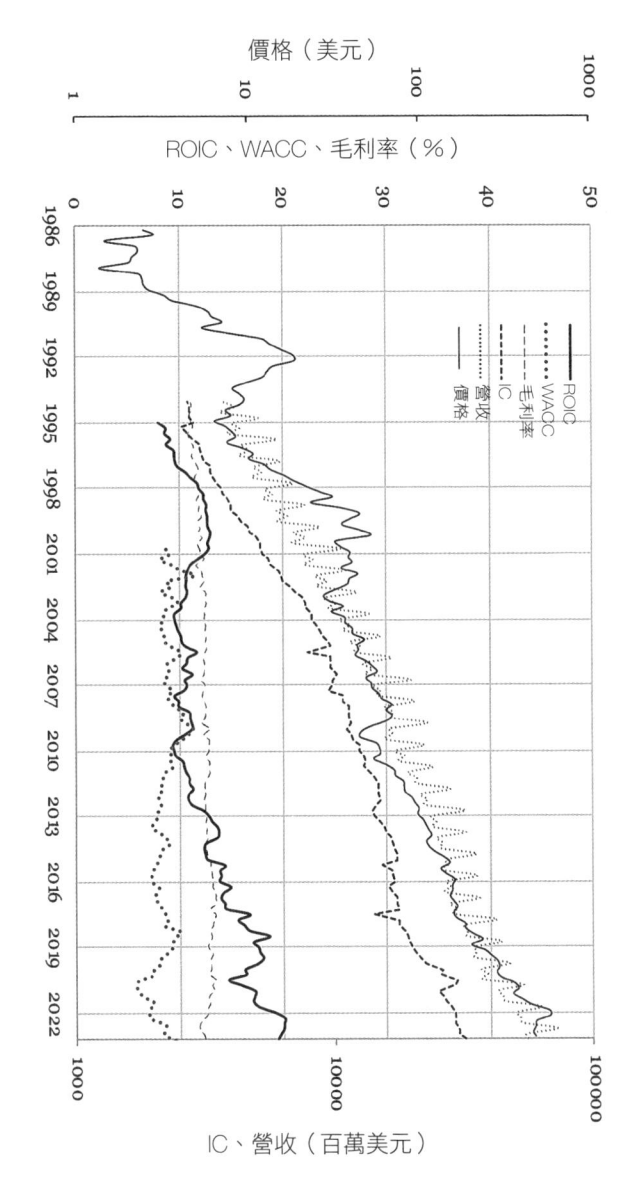

好市多（COST）：會員制倉儲批發商

資源：歷史快照範例　173

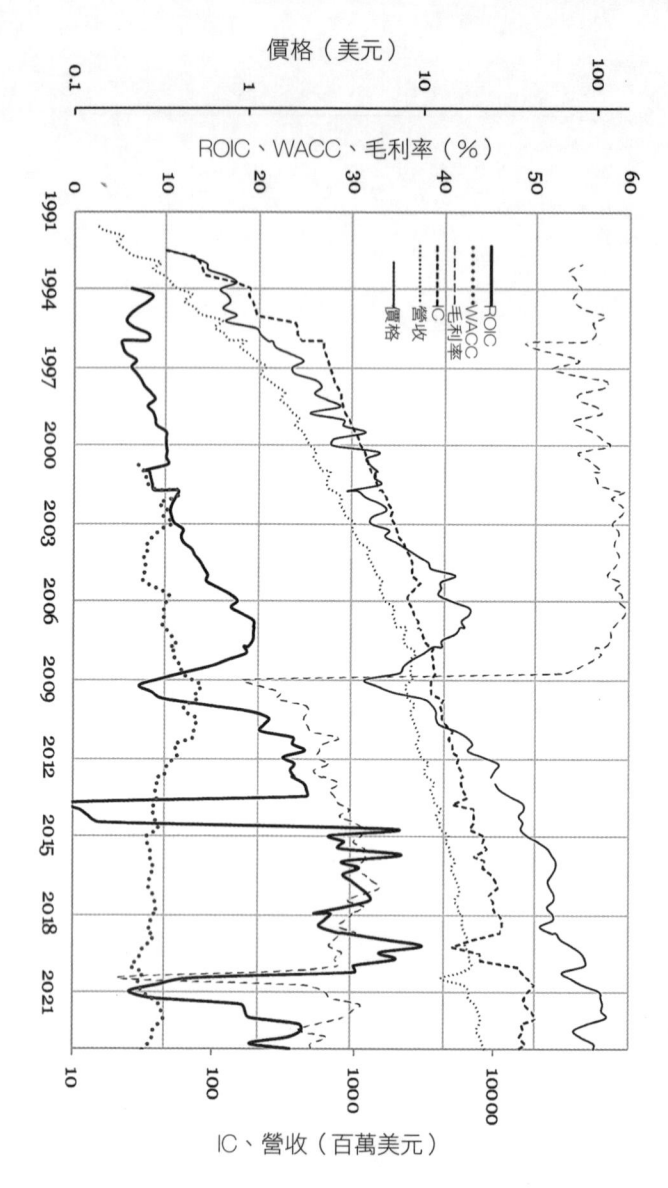

星巴克（SBUX）：特殊咖啡烘焙商和連鎖咖啡館

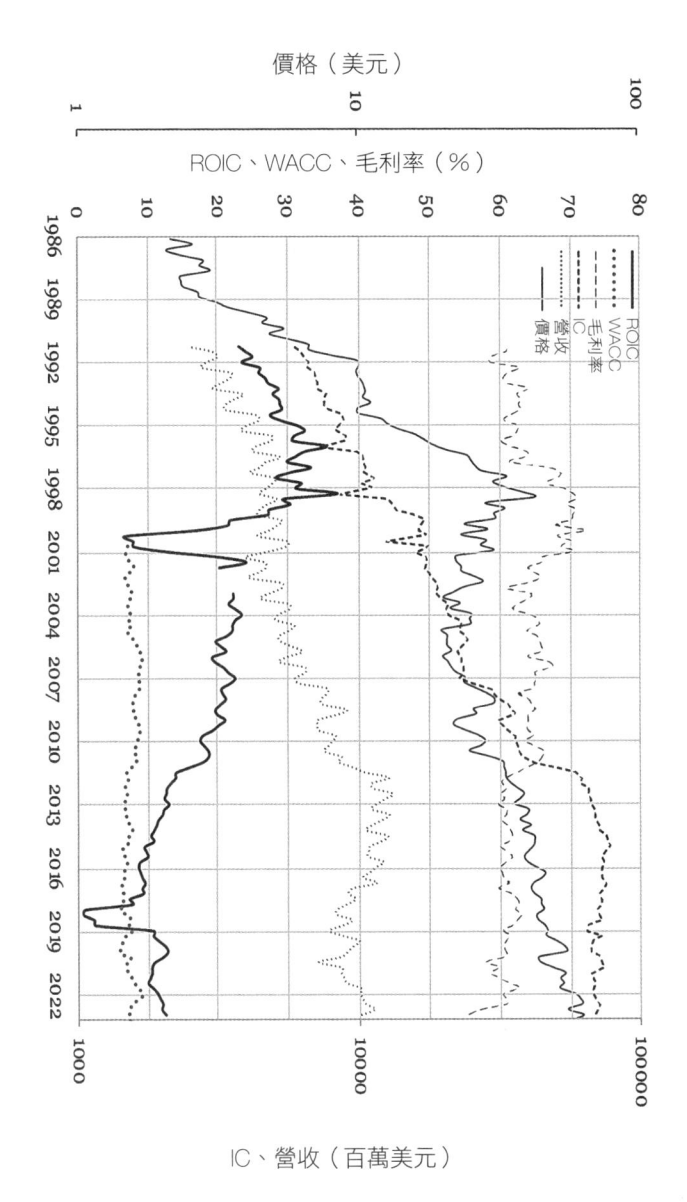

可口可樂（KO）：飲料、濃縮液和糖漿的製造、行銷和分銷商

資源：歷史快照範例　175

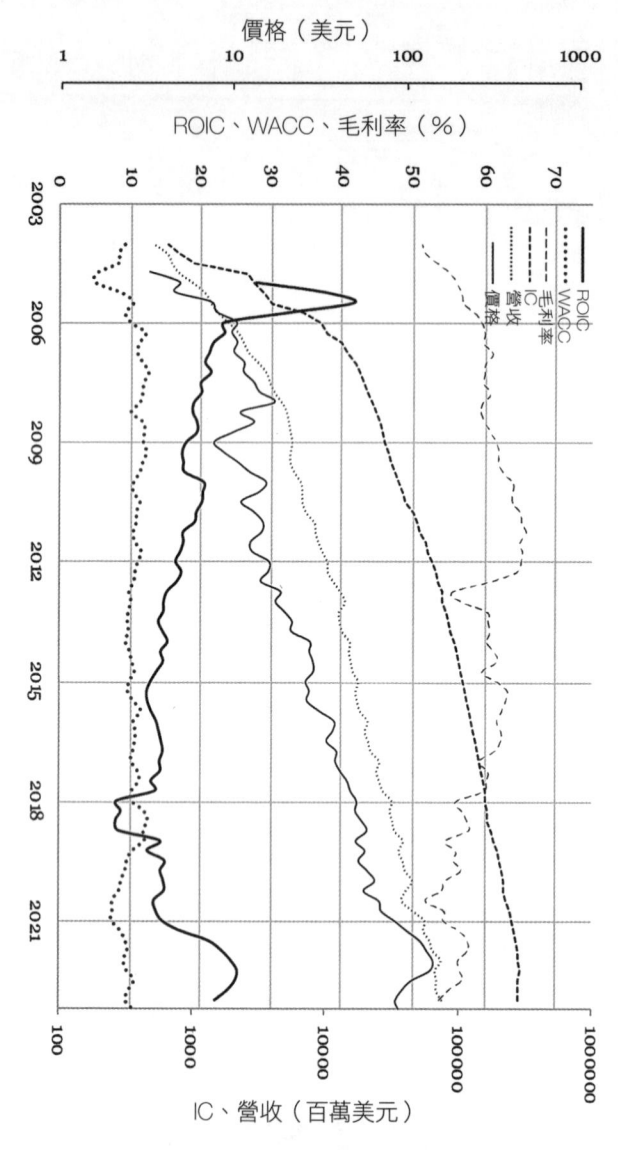

字母公司（GOOGL）：網路搜尋、智慧型手機操作系統和其他網路服務的供應商

後記

感謝你讀到這本書的這裡！希望你從本書中學到了新知識，並覺得這對你的投資旅程有所幫助。

如果你喜歡這本書，我誠心邀請你留下評論，讓更多人知道像素化的真相！

這將有很大的幫助，讓其他人發現這本書，讓他們知道這本書的內容並非毫無價值。即使是一篇簡短的評論和 5 星評價，也能成為寶貴的意見回應，顯示我的心血正在為讀者創造價值和利益。

撰寫本書的過程充滿了喜悅，我期待未來能出版更多內容，與大家一起更深入探討這些想法。

非常感謝你！

附註

第一章
1. 而你已經知道你不知道什麼事,你可能永遠也無法知道……你知道嗎?
2. M.C. Jensen, "The performance of mutual funds in the period 1945-1964," The Journal of Finance, 23 (2): 389-416 (1968).

第二章
1. T. Odean, "Do Investors Trade Too Much?" American Economic Review, 89 (5): 1279-1298 (1999).
2. T. Millay, "How Over-Trading Hurts Returns (And How To Stop)," Forbes, Jul 29, 2016.
3. D. Kahneman & A. Tversky, "Prospect Theory: An Analysis of Decision under Risk," Econometrica, 47 (2): 263-292 (1979).
4. 波動性是報酬率的標準差,或者是從選擇權市場中交易者的隱含預測得出的。一個年波動率為 10 的數值表示,如果股票報酬率遵循鐘形曲線分布(事實上並非如此),那麼價格在一年內會有 68% 的機率,在正負 10% 的範圍內波動。
5. 或是最大跌幅,也就是從高點到低點的跌幅。
6. 《黑天鵝效應》與《反脆弱》。
7. 奈奎斯特取樣定理(Nyquist-Shannon),用於訊號處理。
8. A. Kueppers, "Blindfolded Monkey Beats Humans With Stock Picks," The Wall Street Journal, June 5th 2001.
9. B. Malkiel, A Random Walk Down Wall Street, W. W. Norton & Company (1973).
10. J. Weil, "Banks lose billions in value after tech lender SVB stumbles," March

9, 2023.
11. Benzinga Newsdesk, "Goldman Sachs maintains Buy on SVB Finl Gr, Raises price target to $312," Benzinga, March 3, 2023.
12. "Wells Fargo adjusts price target on SVB Financial to $350, Maintains overweight rating," MarketScreener, February 15, 2023.
13. 同樣的思維也適用於固定收益資產,例如債券的利息支付(票面利率)一樣。我們知道債券會在到期時支付面值給債券持有人,但債券在到期前可以交易,其價格由市場利率、違約風險、到期期間等因素決定。

第三章

1. "Why Quality stocks offer higher return and lower risk," Schroders QEP, October 2014.
2. B. Jiang and T. Koller, "A long-term look at ROIC," McKinsey & Company, February 1, 2006.
3. 「長期」(secular)在股票市場術語中指與經濟週期無相關性的趨勢。
4. J. Rotonti, "Why return on invested capital is the most important investing metric," The Motley Fool, May 25, 2022.
5. 這樣可以避免負股權公司的問題。其他定義可能會對這些公式進行修改,但我們希望遵循「像素化的真相」原則,保持簡單且直覺。
6. ROIC 與 WACC 之間的差額決定了經濟利潤(Economic Profit)＝IC×(ROIC－WACC),這是扣除資金成本後的剩餘獲利。
7. 理論上來說,負 ROIC 來自於負的稅後淨利(NOPAT,是 ROIC 方程式中的分子),而 NOPAT 是假設公司無債務情況下的收益。
8. 如果 ROIC＜WACC,那麼成長依然無法創造超過資金成本的價值,因此對於企業的內在價值來說具有破壞性。
9. B. Cao, B. Jiang, T. Koller, "Balancing ROIC and growth to build value," McKinsey & Company, March 1, 2006.
10. 當然,這些是前一季的財務資料,即使在兩次財報公布之間,葛拉漢口中的「市場先生」(Mr. Market,按:葛拉漢提出的故事比喻,把股市報價想像成一位『市場先生』,每天會給你一個報價,想買入股份或把

股份賣給你）還是每天都會出現。
11. 如果你對這種投資策略設計的工具有興趣,可以在本書最後了解更多關於 ValueGlance.com 的資訊。
12. 為了簡化說明,這個範例中採用再平衡策略,但這與先前提到的投資組合管理策略稍有不同(年度再平衡可以讓我們的優勢持股有更多時間成長)。
13. 例如毛利率,甚至是簡單的估值指標(例如自由現金流收益率),以實現 17% 到 19% 的 CAGR。
14. Y. Taylor, "A stock-picker's guide to Benjamin Graham's screening rules," Seeking Alpha, August 1, 2020.

第四章

1. 這段期間的最大跌幅,是 2008 年的房地產泡沫和全球金融危機造成的－50.8%。
2. 波克夏・海瑟威(代號:BRK-A)的股價,從 1993 年 3 月的 12,600元成長至 2023 年 3 月的 442,765 元,上升了 35 倍。
3. R. Ferri, "Any Monkey Can Beat The Market," Forbes, December 20th, 2012.
4. 同上。
5. 請查看 Fama-French 三因子模型,其中包括小型企業相對於大型企業的超額獲利(以及根據股價淨值比的價值因子),用於描述一個惡性分散的投資組合。
6. 其實比較像是 10 分之 7 失敗、10 分之 2 幫助基金收支平衡、10 分之 1 幫助基金突圍──仍然是高度偏態分布!
7. 其實我們已經在本書中接觸過一個冪次法則:80／20 法則也是以冪律分布為基礎。
8. 如果股票真的遵循常態分布,使用波動率(標準差)來評估就有意義了,但可惜的是,我們無法告訴複雜的系統它該如何運作;股票就是不正常。
9. 或是,我的老天,押寶在單一的零日到期選擇權(0DTE option)……。
10. 給數學能力好的讀者的補充說明:當幾何平均路徑(針對這種多樣化程

度的所有投資組合建構，經過時間複利計算）具有最高報酬時。
11. K. Hassan, M. Varadan, C. Zeisberger, "The pervasive, headscratching, risk-exploding problem with venture capital," Institutional Investor, September 29, 2020.
12. 幾何平均（CAGR），是中位數報酬率。
13. M. Statman, "How Many Stocks Make A Diversified Portfolio?" Journal of Financial and Quantitative Analysis, 22 (3) 353-363 (1987).
14. 不過目前我的小型－中型市值投資組合中，持有約 20 支股票。
15. 在科技泡沫炒作後的幾十年，這間公司的股價一直偏低，這是另一個可以參考的資料點，用來判斷在 ROIC 趨勢下降時退出：當「成熟果實變爛」時賣出。在即將出版的《別再買熱門股》一書中，我們將學會如何應對這類情況。
16. "Average company lifespan on Standard and Poor's 500 Index from 1965 to 2030," Statista, August 2021.
17. 請參閱《別再買熱門股》中的修剪策略，這個策略根據這些篩選條件，能實現更好的結果。這告訴我們在股票變得過於「泡沫化」之前賣出。
18. 或 Level 2 數據。

第五章

1. 如果你是這樣，請重讀本書的標題，然後再讀一遍。
2. 或是半年或一年，哪個資料可用就用那個。
3. 由於我們是在一季結束後才獲得該季的資料，因此我假設是在交叉發生後的下一季交易。
4. 或是縮小，或是因公司為了增加股權和募資而發行更多股票稀釋股權等等。
5. 實施庫藏股會減少股權，因而減少股數（也就是「在外流通股數」）。這讓剩餘股東對企業及其獲利擁有更多的控制權／所有權。
6. 這表示企業身為一個長期價值創造機器，每年產生的獲利（NOPAT）等於總投入資金的 20%，這筆獲利歸資金提供者（債權人和股東）所有。而股價——會受到市場情緒、從眾心態以及炒作／崩盤敘事的影響——

則是另一回事。
7. 在對數尺度上,這表示低於指數成長率,但不一定表示營收已完全趨於平坦。
8. 只顯示自 1991 年以來(容易取得的)資料,不過這間公司在之前幾年就已經公開上市。價格已經過股票分割因素進行調整。
9. 值得一提的是,比爾．蓋茲在 2000 年卸任執行長,由史蒂夫．鮑爾默(Steve Ballmer)接任並管理公司至 2014 年,隨後薩蒂亞．納德拉(Satya Nadella)自 2014 年接手管理至今。或許你能從這些快照中看出一些跡象,但在分析一個複雜世界中的複雜企業時,建構敘事要小心。

第六章

1. E. Price, "Warren Buffett Just Won a $1 Million Bet," Fortune, December 30, 2017.
2. 平均每週抽獎三次會贏一次,這稱為伯努利過程(Bernoulli process)。
3. Z. Auter, "About Half of Americans Play State Lotteries," Gallup, July 22, 2016.
4. 數學上來說,支付方式 1 是 $e^x - 1$(指數成長,四捨五入),而支付方式 2 則是 x^4(四次方成長)。
5. 書中提到的大額恐懼症(Rhinophobia),指的是當投資人「在帳戶中保有大量現金餘額一段時間內感到無法忍受」的心理疾病。
6. 經濟諮商局消費者信心指數(1985 年基準值為 100)。
7. CAGR 是王道——時間越長越好。因此,即使他的最佳績效來自早期,他所有的決策經過時間的複利累積,都經得起嚴格的時間考驗。
8. 而風險的含義不僅限波動率和相關性。
9. G. Kolata, "In shuffling cards, 7 is winning number," The New York Times, January 9, 1990.
10. 就像樂透一樣:雖然我們不知道誰會贏,但我們的確知道機率是多少。
11. 這只是強調了不同的資產類別,但我真正考慮的是塔雷伯的「槓鈴策略」(barbell strategy),例如將 80% 分配給穩定投資,20% 分配給高度非對稱且爆炸性的收益機會。

參考書目

1. M.C. Jensen, "The performance of mutual funds in the period 1945-1964," *The Journal of Finance*, 23 (2): 389-416 (1968).
2. T. Odean, "Do Investors Trade Too Much?" *American Economic Review*, 89 (5): 1279-1298 (1999).
3. T. Millay, "How Over-Trading Hurts Returns (And How To Stop)," *Forbes*, Jul 29, 2016.
4. D. Kahneman & A. Tversky, "Prospect Theory: An Analysis of Decision under Risk," *Econometrica*, 47 (2): 263-292 (1979).
5. Nassim Taleb, *The Black Swan: The Impact of the Highly Improbable*, Random House Publishing Group, 2nd Edition, May 2010.
6. Nassim Taleb, *Antifragile: Things That Gain from Disorder*, Random House Publishing Group, January 2014.
7. Mark Spitznagel, *Safe Haven: Investing for Financial Storms*, Wiley, August 2021.
8. A. Kueppers, "Blindfolded Monkey Beats Humans With Stock Picks," *The Wall Street Journal*, June 5th 2001.
9. B. Malkiel, *A Random Walk Down Wall Street*, W. W. Norton & Company, 13th Edition, January 2023.
10. J. Weil, "Banks lose billions in value after tech lender SVB stumbles," March 9, 2023.
11. Benzinga Newsdesk, "Goldman Sachs maintains Buy on SVB Finl Gr, Raises price target to $312," *Benzinga*, March 3, 2023.
12. "Wells Fargo adjusts price target on SVB Financial to $350, Maintains overweight rating," *MarketScreener*, February 15, 2023.

13. "Why Quality stocks offer higher return and lower risk," *Schroders QEP*, October 2014.
14. Mark Spitznagel, *Dao of Capital: Austrian Investing in a Distorted World*, Wiley, September 2013.
15. B. Jiang and T. Koller, "A long-term look at ROIC," *McKinsey & Company*, February 1, 2006.
16. J. Rotonti, "Why return on invested capital is the most important investing metric," *The Motley Fool*, May 25, 2022.
17. B. Cao, B. Jiang, T. Koller, "Balancing ROIC and growth to build value," *McKinsey & Company*, March 1, 2006.
18. Y. Taylor, "A stock-picker's guide to Benjamin Graham's screening rules," *Seeking Alpha*, August 1, 2020.
19. R. Ferri, "Any Monkey Can Beat The Market," *Forbes*, December 20th, 2012.
20. K. Hassan, M. Varadan, C. Zeisberger, "The pervasive, head-scratching, risk-exploding problem with venture capital," *Institutional Investor*, September 29, 2020.
21. M. Statman, "How Many Stocks Make A Diversified Portfolio?" *Journal of Financial and Quantitative Analysis*, 22 (3) 353-363 (1987).
22. "Average company lifespan on Standard and Poor's 500 Index from 1965 to 2030," *Statista, August* 2021.
23. E. Price, "Warren Buffett Just Won a $1 Million Bet," *Fortune*, December 30, 2017.
24. Z. Auter, "About Half of Americans Play State Lotteries," *Gallup*, July 22, 2016.
25. Fred Schwed Jr., *Where Are the Customers' Yachts?*, Wiley, January 2006.
26. Peter Lynch, *One Up On Wall Street: How To Use What You Already Know To Make Money In The Market*, Simon & Schuster, 2nd Edition, April 2000.
27. G. Kolata, "In shuffling cards, 7 is winning number," *The New York Times*, January 9, 1990.

國家圖書館出版品預行編目(CIP)資料

別再看股價了！：每次查看股市都賠錢？最簡單的投資策略，每年交易 4 次就能選中贏家！／J・F・德達洛 (J. F. Dodaro) 著；呂佩憶譯. -- 初版. -- 新北市：方舟文化，遠足文化事業股份有限公司，2025.06
譯自：Stop Checking The Price: Lose money every time you look at the stock market? The simple investing strategy for beginners to pick winners by trading only 4 times a year!
192 面；14.8×21 公分. --（致富方舟；21）
ISBN：978-626-7596-90-6（平裝）
1.CST：股票投資　2.CST：投資分析

563.53　　　　　　　　　　　　114004917

方舟文化官方網站　方舟文化讀者回函

致富方舟 0021

別再看股價了！

每次查看股市都賠錢？最簡單的投資策略，每年交易 4 次就能選中贏家！

作者　J・F・德達洛 (J. F. Dodaro) ｜譯者　呂佩憶｜主編　李芊芊｜校對編輯　張祐唐｜封面設計　張天薪｜內頁設計　顏麟驊｜特約行銷　徐小晴｜總編輯　林淑雯｜出版者　方舟文化／遠足文化事業股份有限公司｜發行　遠足文化事業股份有限公司（讀書共和國出版集團）｜231 新北市新店區民權路 108-2 號 9 樓｜電話：(02) 2218-1417｜傳真：(02) 8667-1851｜劃撥帳號：19504465｜戶名：遠足文化事業股份有限公司｜客服專線：0800-221-029｜E-MAIL：service@bookrep.com.tw｜網站　www.bookrep.com.tw｜印製　呈靖彩藝有限公司｜電話：(02) 2221-3532｜法律顧問　華洋法律事務所　蘇文生律師｜定價　380 元｜初版二刷　2025 年 8 月

Copyright © 2023 by First Principles Publishing

All rights reserved.

Traditional Chinese edition published in 2025 by Ark Culture Publishing House,

a division of Walkers Culture Co., ltd.

有著作權・侵害必究　特別聲明：有關本書中的言論內容，不代表本公司／出版集團之立場與意見，文責由作者自行承擔缺頁或裝訂錯誤請寄回本社更換。歡迎團體訂購，另有優惠，請洽業務部 (02) 2218-1417 #1124

RICH
ARK
致富方舟

RICH
ARK
| 致富方舟 |